# Lust & Leidenschaft um 1900

Alexander Sixtus von Reden
Josef Schweikhardt

# Lust & Leidenschaft um 1900

**tosa**

Alle Rechte vorbehalten
Umschlagdesign: Beate Dorfinger
Graphische Gestaltung des Innenteils: Alexander Sixtus von Reden
Die Abbildungen stammen aus den Archiven und Sammlungen der Autoren
sowie aus den Sammlungen
Wilfried Chwala, Andreas Dahm, Christel Degeneve, Franz Helmreich, Uwe Scheid

Copyright © 2000 by Tosa Verlag, Wien
Satz & Repro: Zehetner Ges. m. b. H., A-2105 Oberrohrbach
Druck und Bindung: Mladinska knjiga tiskarna d.d.
Printed in Slovenia

# Inhalt

**Erotische Gründerzeiten** .................................................. 7
Das digitale Vielvölkerreich ................................................ 10
Nacktheit siegt ............................................................ 13
Europa und der Stier ....................................................... 14

**Amors Faust**
**Sex zwischen Schönheitskult und Hygiene** ................................. 17
Auf den Barrikaden ......................................................... 21
Mode währt am längsten ..................................................... 23
Schlachtfeld Körper ........................................................ 26
Muskelspiele ............................................................... 29

**Liebesgaben im Hurentempel**
**Prostitution zwischen Plüsch und Straße** ................................. 35
Zeitreise durchs Milieu .................................................... 36
„Salon de Vulcan" und „One Two Two" ........................................ 42
Der Strich – arme Schwester des Bordells ................................... 49
Blaue Bücher, rosa Führer .................................................. 52
Die Hure als Muse .......................................................... 54

**Venus im Rampenlicht**
**Unterhaltungserotik zwischen Theater und Film** ........................... 57
Metropole der Laster ....................................................... 58
Tanzen, tanzen, tanzen ..................................................... 61
Die erotische Weltausstellung .............................................. 64
Kinematografia sexualis .................................................... 65

**Schwul und schwülstig**
**Viktorianische Ausschweifungen**
**zwischen Intimität und Öffentlichkeit** ................................... 67
Ein englischer Casanova .................................................... 68
Das englische Laster ....................................................... 72
Die hohe Kunst der Rute .................................................... 75
Das dritte Geschlecht ...................................................... 77
Dandy, Dildo, Décadence .................................................... 81
Kleine Kulturgeschichte der Orgie .......................................... 84

**Geile Künste**
**Erregungen zwischen Belle Époque und Jugendstil** ......................... 89
Die Freuden des Symbolismus ................................................ 92
Sehnsuchtserotik und morbider Sex .......................................... 93
Die Lüste des Fin de siècle ................................................ 95
Dichters feuchte Träume .................................................... 98
Die Bohème als Sündenpfuhl ................................................. 100

**Im Reich der Sklaven**
**Sado-Masochismus zwischen Zuckerbrot und Peitsche** ....................... 103
Englische Erziehung und französische Kammern ............................... 104
Nagelb(r)ett der besseren Gesellschaft ..................................... 107
In den Tiefen des Harems ................................................... 108
Mariska und Natalie ........................................................ 116

## Liebe in Feldgrau

### Kriegserotik zwischen Schützengraben und Zapfenstreich ...... 118
Soldatenhumor jenseits der Gürtellinie ....................... 118
Kriegslust und Feldpuffs .................................. 121
Frauen an die Front ...................................... 128

## Eurotica .................................................. 131

Literatur ................................................. 136
Personenregister ......................................... 139

## Danksagung

Für die Abbildungen in diesem Buch haben folgende Privatsammler liebenswürdigerweise historische Bücher, Graphiken und Photos zur Verfügung gestellt:
- Ing. Wilfried Chwala, Wien – Bad Ischl
- Dr. Andreas Dahm, Wien
- Christel Degeneve, Bad Ischl
- Franz Helmreich, Wien
- Uwe Scheid, Ueberherrn/Saar

# Erotische Gründerzeiten

*„Sittlichkeit ist lediglich eine Haltung, die man
gegenüber unsympathischen Menschen einnimmt."*
*Oscar Wilde*

un, an der neuen Jahrhundert-, -tausendwende und im Sperrfeuer von globalem Datenbeschuß, fragt sich sowohl der erotisch interessierte Bürger – als auch die mehr als erotisch interessierte Bürgerin – noch immer – oder vielleicht schon wieder – was wohl den unvergleichlichen und unverwüstlichen Reiz der letzten Jahrhundertwende von 1900 ausgemacht haben mag.

Vielleicht war es die Tatsache, daß hier „zwei Jahrhunderte ihre Klingen kreuzten" (Armand Lanoux). Jedenfalls waren es gährende Zeiten. 1900 ist dabei nur ein kalendarischer Anker, der in der europäischen Umbruchsphase zwischen 1850 und 1930 einen ungefähren Fixpunkt liefert. Es waren spannende, wenn auch nicht immer rosige Zeiten für das Liebesleben, denn man befand sich ja in einer gespaltenen Epoche zwischen Ausschweifung und Prüderie, zwischen Aufmüpfigkeit und Zensur.

Heute weiß man, daß diese ambivalente Epoche des „großen Jahrhunderts" (Thomas Mann) eine Ära jener gigantischen Transformationen war, ohne deren Code man die Chiffren unserer Gegenwart nicht entziffern kann. Und mancher Historiker sieht in uns bloß die Epigonen dieses Umbruchs von 1900, Zwerge auf den Schultern von Riesen.

Aber die Zwerge beginnen nun, da wir im Begriff sind, das 21. Jahrhundert zu betreten, in eine Zukunft abzuheben, die mit ihrem technologischen Vorwärtskommen so vollauf beschäftigt ist, daß sie die vorangegangene Geschichte – tempi passati – immer häufiger als bloßen Steinbruch, als Zitat des Gewesenen und Vergangenen wahrnimmt.

Und da sich die stets aktuellen Lexika immer schneller mit dem „Alten" füllen, kann man sie als Container bei Bedarf jederzeit entleeren und sich aus dem wohlgeordneten Scherbenhaufen der Geschichte das Passende herausgreifen. Unsere Kultur tut dies ununterbrochen.

Die moderne Wissensgesellschaft hat ein Motto: Wissen ist geil. Sie lebt ja von der vorhandenen Verfügbarkeit von Daten. Vom Datenkonsum. Und ist daher logischerweise auch eine Selbstbedienungsgesellschaft.

Dabei liefert sie nostalgisch das ausgeprägte Bild eines globalisierten Neo-Neo-Historismus. Das betrifft auch die erotische Kultur unserer Tage.

In zahlreichen Schaufenstern des Rotlichtmilieus stehen heute nicht mehr realistische Nacktfotos, sondern kitschige Kopien antiker Venusfiguren vor plüschigem Hintergrund.

Der Stil des Historismus im 19. Jahrhundert bündelte bekanntlich noch einmal die gesamte abendländische Kunstgeschichte und ließ dabei nichts aus: Antike, Mittelalter, Byzanz, Renaissance, Barock, Klassizismus. Als Spaziergänger einer Hauptstadt flanierte man damals gleichzeitig an neogotischen, neoromanischen und Neorokoko-Fassaden vorüber, absolvierte also gewissermaßen einen bildungsbürgerlichen Spaziergang durch den steingewordenen Almanach der Historie.

Diese Lust an epochalen Zitaten erledigen heute die verschiedenen Stilrichtungen der Postmoderne. Und im Freizeitbereich hat sich vor allem die weltweite Disney-Philosophie mit ihren Erlebnisparks eine eigene Erlebnisgesellschaft gezüchtet. Da wandelt man höchst gefahrlos quer durch alle Stile und Epochen und genießt auf artifizielle Weise das Abenteuer der Geschichte.

*Einbruch des geilen Heidentums,
Umschlagillustration von
Franz von Stuck*

Und was hat dies alles mit Erotik zu tun?

Nun, es ist wohl nur mehr eine Frage der Zeit, bis man immer mehr auch erotische Erlebniswelten im großen Disney-Stil aus dem Boden stampft. Immerhin kann man ja bereits auf das japanische Modell der berühmt-berüchtigen „Love-Hotels" zurückgreifen. Sie bieten von römischen Bädern bis zu mittelalterlichen Folterkammern und technoiden Sex-Spaces alles, was Herz und Unterleib begehren.

Amerika hat dies schon begriffen.

Immer mehr Etablissements für „spezielle Kundschaften" inszenieren ganz historistisch ihre Räume: Makart im Sado-Maso-Land! Deutsche Swinger-Clubs üben sich zunehmend im Geschichtsunterricht und ahmen das japanische Modell der „künstlichen Fickgärten von Osaka" im kleinen Stil nach. Selbst in Österreichs Provinzen gehen kleine Bordelle und Sex-Clubs daran, ihr Ambiente im Stil zwischen sinnenfreudiger Antike und verruchtem Fin de siècle einzurichten.

Hat nicht schon vor 100 Jahren eine große Modewelle der „Japanisierung" Europa ergriffen und die moderne Kunst – Stichwort: Lithographie und

*Reklameplakat der Pariser Literaturzeitung „Fin de Siècle", um 1900*

Toulouse-Lautrec – grundlegend beeinflußt? Waren nicht schon damals die bürgerlichen Wohnungen voll von Kimonos und edlen Paravents?

Vielleicht geht in Zukunft die Liebe nicht nur durch den europäisierten Sushi-Magen, sondern auch durch das artifizielle Ambiente erotischer Erlebnisetablissements made in Japan.

Schon bei der kulturellen Aneigungsprozedur der Geschichte am Ende des 19. Jahrhunderts konnte es nicht ausbleiben, daß auch die erotische Kultur quasi im historischen Zeitraffer mit aufblühte. Nach der naturalistischen Phase der „natürlichen Sexualität" folgte nun gegen Jahrhundertende die übersteigerte Vorliebe für das Raffinement.

Man benützte nun immer häufiger den Frauenkörper als Werbemittel in der neuen Plakatkunst, man entdeckte wieder den Orient, die Reize des Harems und die Liebeskunst der Bordelle, man publizierte dickleibige Sittengeschichten und überschlug sich in der Produktion aufwendiger, pornographischer Privatdrucke, die unter dem Ladentisch verbreitet und von den Zensurbehörden auch heftig beschlagnahmt wurden.

*Klassisch-sodomitischer Phototermin um 1900, Photographie von Emile Bayard*

*Zeus in eindeutiger Verkleidung, Holzschnitt von Daniel Greiner, 1917*

Heute ist das Internet zum elektronischen Bordell geworden, und auch hier werden schon Stimmen laut, die nach Jugendschutz und Zensur rufen. Ohne Frage: wir leben in einer völlig durchsexualisierten Umwelt. Das Interesse an Sex dominiert bereits auf ganz selbstverständliche Weise die populären Bilderwelten unseres Alltags. Kein Waschmittel ohne sauberes Busenwunder, keine Automarke ohne leichtgeschürzten Glamour-Girls. Schon um 1900 propagierte der Frauenkörper beliebige Produkte.

Zwar ergeben sich eigenartige Parallelen zwischen den beiden Jahrhundertwenden 1900/2000, doch die schwerwiegenden Unterschiede bleiben unübersehbar: Heute posieren etwa auch nackte Männer für Werbeprodukte von den Plakatwänden.

Die gar nicht mehr schmuddelige Hochglanzwelt der Pornos prangt heute unbehelligt an jedem Zeitungskiosk. Und die moderne Sexindustrie ist seit geraumer Zeit dabei, auch Frauen als Konsumenten in ihren Bann zu ziehen und diese uralte Männerdomäne endgültig zu brechen. Nach Papas aufblasbarer Venuspuppe nun die neue, bunte Dildo-Generation just for fun!

Was den urgroßväterlichen Technikern der Gründerzeit mit ihrem internationalen Motorenexport gelang, das gelingt heute Beate Uhse mit dem Sex-Export ihres erotischen Imperiums. Es weitet sich in die entlegensten Winkel West-, Mittel- und Osteuropas aus – eine Art friedlicher Siegeszug der menschenverbindenden Geilheit. Und es expandiert zielstrebig in Pay-TV und Internet.

## Das digitale Vielvölkerreich

Europa erlebt als EU am Beginn des 21. Jahrhunderts also nicht nur seine materielle und ideelle Vereinigung als neuer politischer und wirtschaftlicher Machtfaktor zwischen den großen Machtblöcken und innerhalb einer globalisierten Umwelt, sondern es erlebt auch eine wahre elektronische Gründerzeit! Der Alltag auf den Straßen, in den Geschäften und den Verkehrsmitteln ist vollgestopft mit Mobiltelefonen und plappernden Bürgern, die sich rund um die Uhr verabreden und lauthals ihre Rendezvous durch den Äther rufen.

Von der belebten Wiener Ringstraße als Kommunikationszentrum um 1900 bis zum globalen Datenhighway von 2000 ist es – erotisch betrachtet – nur ein kleiner Sprung! Amor kennt kein historisches Ablaufdatum und keine Ländergrenzen. Er taucht quer durch die Geschichte hindurch ungefragt und altmodisch in immer unterschiedlicher Verkleidung auf.

Oft als sentimentale Figur einer verkitschten Antike totgesagt, läßt der Bengel – nunmehr ein gelehriger Schüler von Darwin und Freud – durch die Epochen hindurch unbeirrt seine Flügel flattern: einmal aus biologisch einwandfreien Federn wie in den guten, alten Zeiten der Mythologie, dann wieder chipmäßig cool aus Silizium und Strom wie im digitalen Himmelreich des 21. Jahrhunderts.

Der elektronische Siegeszug weltweit zeugt von einer Art cyberianischer Goldgräberstimmung, und über den alten Nationalstaaten schwebt nun aufs neue und in immer neuer Verkleidung der alte beflügelnde Geist Amors und das lustvolle Versprechen von grenzenloser Kommunikation und Kopulation.

Bei Griechen und Römern ging alles noch mythologisch geordnet vor sich. Laut den „Metamorphosen" des Apuleius (2. Jh. n. Chr.) hat sich Amor mit Psyche vermählt, die als schöne Nymphe daraufhin Unsterblichkeit erlangt und ihm alsbald eine Tochter namens „Wollust" schenkt.

Die antike Götterhochzeit wird zum großen Fest: Jupiter und Juno lagern auf dem Boden, Ganymed reicht den Wein, Bacchus bedient, Vulkan legt die Speisen vor, die Horen schmücken, die Musen singen, die Grazien und Venus tanzen, und Pan läßt seine Flöte erklingen.

Heute erleben wir das lustvolle Durcheinander von Menschen, Tieren und Göttern als einen säkularen Riesenzirkus der Elektronik. Datenlust und gespeicherte Unsterblichkeit auf der Spielwiese digitaler Götter, das wollen nun auch die Future-Kids – und in der amerikanischen Computerszene des Silicon Valley spricht man gar schon prophetisch vom Technopaganismus, also der neuen, friedlichen, paradiesischen 0/1-Oase für den erotischen Netzsurfer, also den sonnigen Cyber-Beach boy.

Keine Frage, hinter der Lust an den neuen Maschinen steckt so etwas wie eine technologische Libido. Plötzlich werden das Paradies der Daten und alle utopischen Wünsche der Vergangenheit tatsächlich Wirklichkeit. Wir morphen uns zu Idealbildern, wir schießen wie ein lichtgeschwinder Mercurius durch den Cyberraum, wir verwandeln uns als genetische Alphabeten nun zu geklonten Bildern unser selbst. Ob Fernsehschirm oder PC-Bildschirm: Die Lust der Bilder und die Bilder der Lüste haben Hochkonjunktur. Überall läßt Amor die Hosen runter, vermengt sich, vermehrt sich als erotischer Nomade im digitalen Vielvölkerreich. Auf den Werbeplakaten tanzen die neuen Faune des Konsums, und aus den Mobiltelefonen ertönt allerorten die neue Panflötenmusik: „Hallo, Liebling, hörst du mich?" Es

*Amor, griffig, erotische Photographie, um 1900*

Erotische Gründerzeiten

fallen die geographischen und politischen Schranken und auch die visuellen und akustischen Hüllen bürgerlicher Intimität.

Der Monitor als neuer Bettgenosse: Die erotische Anziehungskraft einer promiskuitiven Computerlandschaft, in der jeder mit jedem seine Bits austauscht, sich andockt, einloggt und anklickt, chattet und surft, sich schamlos auf seiner Website wie im Schaufenster eines Info-Bordells ausstellt und von Internetvoyeuren heimgesucht wird – dies alles erinnert von ferne an das „Goldene Zeitalter" der Antike und in seiner idyllischen Form auch an den pastoralen Mythos von Arkadien.

Und wenn man weiß, daß sich die Idylle vom eidolon, vom Bildchen, ableitet und daß die Arkadier bildsüchtig, aber schriftunkundig waren, so fallen uns nicht nur Fernsehfreaks, Bildidioten und literale/elektronische Analphabeten ein, sondern dann wird auch die Tatsache virulent, daß um 1900 die Werbung begann, jeden freien Fleck des Globus zu erobern, um den Garten Eden der Warenwelt als „Kaufparadies" anzupreisen. Das neue Arkadien hat sich in den künstlich besonnten und begrünten, wasserbeplätscherten „Shopping Malls" kapitalisiert.

„Arkadisch frei sei unser Glück", schwärmte schon Goethe im „Faust" – er meinte zwar damit Italien, nicht aber das rauhe Arkadien im Hinterland des

*Schöne Aussichten der Belle Epoque, Illustration von Martin van Maele, 1907*

griechischen Peloponnes – und gedachte nostalgisch seiner sexuellen Eskapaden in jenem Land, wo nicht nur die Zitronen blühen.

Hier, im „ewigen Frühling" der Antike, trieben es laut dem arkadischen Kunstmärchen bekanntlich Schäfer, Hirten und Tiere und Nymphen, Blumen und Steine, Himmel und Erde fröhlich miteinander. Und der bocksfüßige Gott Pan führte sein geiles Regiment jenseits aller Moralvorstellungen mit panischem Schrecken und erschreckte aus Spaß in der brütenden Mittagshitze die nichtsahnende Bevölkerung Arkadiens.

Heute, auf dem flotten Weg in die Zukunft, sind es die Cyberamazonen und die Datenhirten, die ihre Infoschafe auf dem Bildschirm zusammentreiben. Im Frühlingsrausch ewig junger Daten verkehren sehr frei die Smileys mit den geschlechtlich unbestimmten Netzagenten. Jeder Bürger hat künftig ein zweites Sex-Ich, seinen erotischen „Avatar" im WWW.

For ever joung galt schon früher: Die Zeitschrift „Jugend" propagierte schon vor 100 Jahren so etwas wie eine neue Jugendkultur. Dieser erotische neue Frühling um 1900 erlebt nun, am Anfang des 21. Jahrhunderts, seine posthistorische Renaissance.

Die neue Digitalkultur ist bestimmender Teil der Jugendkultur. Man tanzt sich im wummernden Technosound und unter Stroboskopblitzen als sexuellem Vorspiel die Seele aus dem Leib. Anschließend wird das aufgeheizte Fleisch auf die Realwelt losgelassen.

Und wer sich diesem tatsächlichen Körpergerangel nicht gewachsen sieht, kann sich ja in die unverbindlichen Räume der Cybercafés zurückziehen und libidinös herumchatten. Oder er gehts ins eigene virtuelle Privatbordell nach Hause und wirft den Computer und Videorecorder an, denn das Augentier Mensch frönt ab nun dem erotischen Bilderrausch. Und statt Syphilis, wie damals in der guten, alten Zeit um 1900 – oder Aids heutzutage –, holt er sich schlimmstenfalls ein Computervirus. Der Mann muß also denselben gar nicht mehr stellen: Statt einer physiologischen Schlappe riskiert er bloß einen Datenabsturz.

0 und 1 sind längst die Pornostars des World Wide Web geworden: immer offen, für alles zu haben, allzeit bereit.

Und Amor hat mit Hilfe der elektronischen Gartenlaube alle Glieder voll zu tun, im Zeitalter der Beschleunigung seine Botschaften noch rechtzeitig rund um den prallen Globus abzuschießen.

*Das Feigenblatt, Holzschnitt von Daniel Greiner, 1915*

## Nacktheit siegt

Zwischen den heidnischen Exzessen der Antike und den Internet-Orgien unserer Tage liegt also jene sagenhafte Jahrhundertwende von 1900, in der sich Altes und Neues schamlos vermengen. Inmitten eines Zeitalter von Zylinder, Korsett und Krinoline mehren sich groteskerweise die sozialutopischen Prophetien eines „Himmlischen Jerusalems" und eines „Ewigen Reiches" der kommenden sexuellen Befreiung.

Bekanntlich waren die Häuserfassaden im ausgehenden 19. Jahrhundert von nackten Putti, nackten Amoretten, nackten Karyatiden und nackten Herkulen geschmückt. Da konnte sich der bürgerliche Sexus ins Bildungsgut flüchten. Vielleicht kann man das viel titulierte „Experiment Weltuntergang" von 1900 nicht nur als politisches Desaster der Donaumonarchie verstehen. Die Apokalypse ist auch erotisch zu verstehen, denn „apokalypsis" heißt schlichtweg „Enthüllung". Die Epoche gierte danach. Und so wurde dieser Striptease auf allen kulturellen Ebenen regelrecht zur Leitmetapher des europäischen Geistes – und seines Körpers!

Alles hat sich enthüllt, alles war nackt: Die nackte Wahrheit der Fotzographie! Die nackte Psycho-Wahrheit der entblätterten Seelen auf der freudianischen Couch! Die nackte Kolonial-Gier! Die Nudistenbewegung! Das nackte Überleben im evolutionären Szenario der Sozialdarwinisten! Die

*Europa und der Stier, Illustration aus einem mythologischen Lexikon, um 1900*

nackte Existenz des Proletariats! Wohin man blickte, blickte man den nackten Tatsachen ins Gesicht und sonstwohin. Das Nackte eroberte auch die Sprache: nackter Terror, blanker Unsinn, blanker Wahn. Der Nihilismus, das Ende der Illusionen, nackter als nackt! Hat nicht Adolf Loos programmatisch versucht, den Ungeist des Ornaments zu enthüllen und das Heil in der nackten Fläche zu suchen?

Auch wenn es zur Jahrhundertwende noch höchst traditionell zuzugehen schien, die Tabula rasa kündigte sich schon an: Um 1900 reißt sich Europa endgültig die Wäsche vom Leib. Naturisten, Nacktmenschen, Lichtmenschen, FKKler, Reformisten, Aussteiger und sexuelle Anarchisten entdecken im Geist der Antikensehnsucht die Natur. Baden macht frei!

Und hundert Jahre später die lockende Panflötenmusik der Hippies und Beach Boys aus dem kalifornischen Arkadien! Selbst die Maschinen tanzen da mit: Die Panegyriker der Robotik mit ihren dröhnenden Techno-Raves und Love-Parades sorgen in immer mehr europäischen Hauptstädten wie Berlin für unbekümmerte Aufbruchstimmung. Eine halbnackte Jugend tobt nun bereits im elektronischen Bacchanal, einer neuen Form des Makart-Umzuges, auch über die Wiener Ringstraße!

Die Entwicklungen der digitalen Gründerzeit weisen fortgesetzt Parallelen zur Belle Époque des 19. Jahrhunderts auf. Auch damals, im brodelnden Herd der europäischen Nationalismen und der wilheminisch-viktorianischen Verknöcherungen, mittendrin also zwischen Disziplin, Plüsch und Krieg, kam es zum „Aufbruch" der Sinne, zum internationalen Jugendstil und zu einer offenen Brise daherwehender Erotik.

Kann sich heute im europäischen Projekt des 20. Jahrhunderts und in der konservativen Phase einer neuen Political Correctness die EU von der Europäischen Union zu einer Erotischen Union entwickeln? Kann und will sie aus der (erotischen) Geschichte lernen?

Heute, zwischen Turbokapitalismus, Infonomaden und Cyberwar, stellt sich immer wieder die Frage nach den Ursprüngen Europas, nach der alten Mutter Europa und ihrer Tochter, der jungen Europa.

Erotik, zwischen Verhüllung und Entblößung changierend, stellt noch immer viele neue Fragen:

Welche Nabelschnüre lassen sich da noch ausmachen, welche gemeinsamen Traditionsmuster der Liebe und Leidenschaften sind da nachweisbar?

Und kann hier ein übergreifend europäischer Amor statt brisanter Generationenkonflikte und einer in Frühpension gegangenen Libido einen erotischen Generationenvertrag für die Zukunft anbieten?

Unter welchem erotischen Stern – damals und heute – steht und stand dieses Europa der amourösen Regionen?

## Europa und der Stier

Geographisch betrachtet ist Europa bloß eine westliche Halbinsel Asiens, mental gesehen jedoch eine in der Geschichte stetig anwachsende Gesinnung, die freilich durch Kleinstaaterei und Nationalkriege immer wieder zugeschüttet wurde. Durch die entscheidende welthistorische Rolle jedoch muß, so der Historiker, Europa als selbständiger Kontinent betrachtet werden.

Für Homer war Europa – im Gegensatz zum Peloponnes und den Inseln – schlicht noch der Name für das griechische Festland.

Herodot unterscheidet zwar zwischen Orient und Okzident, aber Europa als „Westen" bleibt auch ihm rätselhaft, etwa vom Namen her: Dieser bleibt nämlich dem schwebenden Mythos der beiden Okeaniden Asie und Europe verhaftet.

Goethe fand dies noch alles „schimmelig und düster", auch wenn hehrerweise in Boötien Europa eine Erdgöttin darstellte, die als phönikische

Königstochter – nämlich Tochter des Phönix oder des Königs Agenor – bekanntermaßen von Zeus alias Jupiter in Stierform nach Kreta entführt wurde. Dort zeugte er mit ihr unter anderem den Minos, jenen Götterliebling, der wegen seiner Gerechtigkeit sogar Seelenrichter der Unterwelt werden durfte. Der Ruhm dieser bekannten Geschichte freilich ist beim erotischen Opfer, bei der entführten Europa, hängengeblieben.
Im Klartext: Europa wurde vom Prinzip Sex gekidnappt.
Die bildenden Künste jedenfalls konnten sich jahrhundertelang am „Raub der Europa" nicht genug satt geilen, und die nackte, sich sträubende Europa in ihrem üppigen Fleisch mußte von Rubens bis Böcklin und Picasso nolens volens und lasziv – Bild für Bild auf dem brünftigen Muskelberg reiten.
Wird das moderne Europa seine Brüsseler Spitzen lüpfen und die Erotik nicht bloß den Verwaltungsbeamten und ihren Gesetzen überlassen?
Die „auf die Hörner genomme", vergewaltigte Europa leitet ihren Namen übrigens von „breitgesichtig" ab und wird von Volksetymologen auch dem Typus der (geilen) Kuh zugeschrieben – alles in allem also eine viehische Sache.
Nach einer anderen Überlieferung – und als Motiv auf antiken Münzen erhalten – soll sich Zeus zwecks Beglückung der Europa (angeblich eine Baumgöttin!) zwar nicht wie bei Leda als Schwan, sondern diesmal in Form eines Adlers genähert haben. Dieser hat als Doppeladler ja künftig das Schicksal Europas bestimmt.
Wie auch immer – Europas Mythos bleibt in einem dämmrigen Dunkel aus ungebärdigem Himmelsstier und einem gewaltig flutenden Meereskult gefangen.
Amor freilich, der dem hellenistischen Eros entwächst, legt im Zuge der abendländischen Zivilisation nach und nach sein bloß animalisches Gewand ab und beginnt sich in der humanistischen Entwicklung europäisch zu individualisieren. Seine Sache – so jedenfalls wollen es einige Mythenforscher – ist nun nicht mehr der bloß dionysische Sex, sondern die auf eine spezielle Person gerichtete Liebe und Sehnsucht: eine zivilisatorische Zähmung, ein therapeutischer Selbstversuch Europas.
So wie es nicht vollständig gelingt, die Technik zu domestizieren, so gelingt es auch nicht auf Dauer, den vom „Teufel der Begierde" gerittenen Körper unter kulturellem Verschluß zu halten. Immerhin ist der Teufel ja ein verchristlichter Abkömmling Pans!

*Der neckische Faun, französische Illustration, um 1900*

Die innere Wildnis ruft also sowohl in der Belle Époque als auch in den Zeiten des Internet nach ihren Rechten! Und Gott Pan, der geile Bock Arkadiens, wird im Symbolismus des 19. Jahrhunderts nicht ohne Grund als mutierter Faun, Silen und Satyr seinen künstlerischen Ehrenplatz erhalten, um die wilden Sehnsüchte einer Gesellschaft in Mieder und Frack wachzuhalten.

Momentaufnahme 1900: Auf der Wiener Ringstraße spazieren die charmanten Feschaks und süßen Mädeln, auf den Boulevards von Paris promenieren die Bonvivans und Mätressen, in London staksen die Dandies und Damen einher, in München und Berlin brodelt das erotische Künstlerleben, in Hamburg dröhnt die Liebe der Matrosen, in Barcelona und Madrid verglühen die Senoritas ob der schwarzgelockten Balzrufe, und in Rom vergoldet sich jeder Liebesschwur zur Opernarie schmelzender Duette ...

Längst haben der wilde Gott Pan sein griechisches Arkadien und Amor sein römisches Liebesreich verlassen. Beide haben sich mit der abendländischen Nachwelt arrangiert. Beide sind europäische Weltbürger und Salonlöwen geworden, ansässig vielleicht in Brünn oder Capri, Prag oder Mailand. Und wenn man 1900 und 2000 zusammendenkt, so sind sie eigenartige Mischwesen mit Zylinder und Datenhelm, Monokel und Videodisplay, mit Maus und Spazierstock.

Natürlich kennt ein weltläufiger Amor keine Klassenschranken, und so inkarniert er sich damals wie heute auch ungeniert in allen volkstümlichen Formen, lungert in Spelunken und Stundenhotels, schnaderhüpfelt auf den Almen, grölt unanständige Lieder in Bierzelten und macht sich im Rotlichtmilieu beliebt. Er ist im vornehmen Privatdruck der Erotologen ebenso zu Hause wie in den billigen Comics.

Alles, was uns heute bewegt, hat um 1900 seinen Lauf genommen:
Selbst Zeus könnte diesem amourösen Triumphzug nicht Einhalt gebieten, und so schlüpft er – angesteckt vom Hitzefieber seiner Fauna – ins altgewohnte Triebkostüm, um wieder einmal in einem günstigen Moment als Stier irgendeine Europa zu entführen ...

*Zeus in Aktion, Holzschnitt von Daniel Greiner, 1917*

Erotische Gründerzeiten

# Amors Faust

## Sex zwischen Schönheitskult und Hygiene

Königin Victoria gab einer ganzen Ära ihren Namen, und dieser Name der „viktorianischen Epoche" steht bis heute noch als Synonym für das „puritanische Zeitalter". Die auf Moral und Sittenstrenge bedachte Königin selbst wurde freilich im Volksmund Mrs. Brown genannt, weil sie mit ihrem Reitknecht John Brown ein Verhältnis unterhielt. Ganz Europa war voll mit weiblichen und männlichen Browns, und ganz Europa litt an der galanten Krankheit, der Syphilis, die durch die vielen geschlechtskranken Browns in Umlauf gesetzt wurde.

Kein Wunder also, wenn sich die moderne Göttin der Hygiene ihre Gummiflügel anschnallte, predigend über den Kontinent flog und Aufklärungsbroschüren abwarf. Kein Haushalt ohne „Anleitungen für christliche Eheleute", „Bub oder Mädel", „Heilung der Syphilis durch Quecksilber" oder die „Krankheiten des Weibes"!

Ein statistisches Erhebungsbuch aus Berlin berichtet 1896 von den „Thatsachen, daß mindestens 90 Prozent der jungen Leute vor der Ehe unsittlich leben und daß 80 Prozent davon mit den furchtbarsten Krankheiten angesteckt werden." Frank Wedekind singt diesbezüglich ein gar garstig Lied:

„Jüngling, laß dich nicht gelüsten
Nach des Paradieses Äpfeln;
Von den straffsten Mädchenbrüsten
Wird dir nichts als Kummer tröpfeln.

Wagst du dich heran und findst du
Lust an diesen weißen Teufeln,
Armer Freund, wie bald beginnst du
selbst vor Traurigkeit zu träufeln.

Just die Kühnsten, Elegansten
Werden früh zu müden Krüppeln,
Und die einst am flottsten tanzten,
müssen lahm zur Grube trippeln."

*Sexualmysthik für die Zukunft, Innentitel von Fidus für die Schrift „Zukunftsehe", 1925*

Schuld an dieser Misere war freilich nicht nur der angeprangerte lockere Umgang der Leute mit ihrem ungebremsten Geschlechtstrieb, sondern auch das Fehlen von wirksamen Medikamenten gegen Geschlechtskrankheiten – Gott sei Dank erfand der Chemiker Paul Ehrlich 1909 das „Salvarsan" gegen Syphilis!

Aber auch die grassierende Armut und das europaweite Wohnungselend führten zu desaströsen Zuständen im erotischen Haushalt.

Pastor W. Philipps schreibt diesbezüglich in einer Broschüre der Sittlichkeitsvereine Deutschlands:

„Äußerlich sah's aus wie eine Räuberhöhle, und drinnen wurden gefunden 53 ungetaufte Kinder, 15 ungetraute Paare, 17 wilde Ehen, 22 Prostituierte mit einer großen Zahl Zuhälter. Im Laufe von zwei Jahren gingen durch dieses Haus hindurch nach amtlichen Angaben, ich betone dies, weil es unglaublich klingt: 540 Schlafburschen, 230 Verbrecher, 80 Huren; außerdem fanden sich 95 Konkubinate, 130 uneheliche Kinder; 25 Frauenzimmer hatten Kinder von verschiedenen Männern, manchmal von vieren, und an einem einzigen Tag wurden einmal zum Gaudium der übrigen Bewohner 15 Dirnen, welche sistiert werden sollten, teils unter den Betten hervor-

> Herz  Kind,
> Ich dich such',  dich auch find',
> So frisch, frei, sonnig,  häuslich, einfachem Sinn,
> Mit der goldenen Hülle, die vor Alltagssorgen uns behüt'.
> Nicht überreife Malerin mit Puderquaste und Lippenstift,
> Die das Leben zur Neige genossen, sind meiner Seele Gift.
> Und kannst mich Jungen groß, schlank, schwarzen Haaren,
> Laut amtlichem Geburtsschein neunundzwanzig Jahren,
> Wie man allgemein spricht, mit interessantem Gesicht,
> Doch dies beurteilen ist deine weibliche Pflicht,
> Nebenbei mich schimpf akademisch gebildet auch,
> Jetzt als Unternehmer zwischen Autos ich fauch,
> Ein wenig lieben mit heißer Liebe Glut,
> Und bist du gesund und hast den Mut,
> Dich schlagen in der Ehe Bann
> An einen treuen Mann,
> Sag an,
> Dann
> Faß dir ein Herz und laß die blöde Etikette
> Und schreibe m. Angabe der Verhältnisse u. einem hübschen Bild
> Unt. M 2524 an Pressehaus, Düsseld., Königsplatz, u. ich wette,
> Daß für Diskretion mein Ehrenwort dir gilt.

*Heiratsinserat, um 1900*

gezogen, teils durch die Fenster herausgeholt. Im Ganzen wohnten hier 250 Familien mit 2000 Personen, meist je nur in einer Stube."

Zu den statistischen Erhebungen gesellten sich außerdem die in publizistischen Kreisen üblichen Moralvorstellungen des kulturellen und sittlichen Niedergangs Europas. Man witterte nicht nur in den Künsten, sondern auch im Alltagsleben das „Fin de siècle", ja das Ende einer Welt.

Die selbsternannten Sittenvereine wollten überall in Stadt und Land untergrabene Moral, Unsittlichkeit, Verrohung, Verwilderung und schamlosen Verkehr der Geschlechter festgestellt haben und bliesen mit ihren apokalyptischen Fanfaren zum großen Halali auf das sittenlose Freiwild in diesem stickigen Treibhaus der Begierden.

Eine Gräfin Montgelas-Wimpffen stellte in ihrem Buch „Die Frau im Kampfe gegen die öffentliche Unsittlichkeit" fest, daß auch die Errungenschaften der modernen Technik mißbraucht würden, etwa die Verfältigung schamloser Objekte durch Kinematographen, Plakate, Postkarten, Witzblätter, unlautere Annoncen und laszive Literatur. Auf diese Weise büße die deutsche Jugend ihre Kraft ein.

Und da die dekadente Standard-Vision einer mürbe gewordenen weißen Rasse um 1900 bereits zum Allgemeingut europäischer Ängste gehörte, mußte sie sich auf allen Gebieten des Lebens, vom Theaterstück für die bürgerlichen Klassen bis zum Benimm-Buch für christliche Eheleute und bis zu den populären Leitfäden für die unteren Klassen puritanisches Gehör verschaffen. Sittlichkeit sollte die „Rasse" stärken. Kunst sollte dabei helfen. Selbst in jüdischen Kreisen sprach man vom „Gefühl der Rassetüchtigkeit" und den „ungehobenen Schätzen der Volkskraft" (Martin Buber, 1900). Die puritanische Anständigkeit verstand sich als gesellschaftliche Hygiene. Auf dem ganzen Kontinent rief man nach „Reinheit" der Rasse, „Reinheit" der Jugend, „Reinheit" der Familie, „Reinheit" der Ehre. Da konnte schon recht bald jede Abweichung als „schmutzig" gelten.

Zum einen suchte das konservative Bürgertum sich selbst und seine Tugenden der Reinheit an die altbewährte Kandare des herrschenden Patriarchats zu legen, zum anderen suchte aber das fortschrittliche Bürgertum, ganz im Sinne einer „sauberen Aufklärung", die wirtschaftlichen und sexuellen Mißstände anderer Klassen aufzuzeigen.

*Germanischer Traualtar, 1906: Der Mann als Sexualritter, Zeichnung von Fidus*

Bürgerliche Frauen, die bereits von der modernen Emanzipationsbewegung profitierten, engagierten sich daher immer wieder in der pädagogischen Aufklärungstätigkeit für Arbeiterinnen und jene „gefallenen Mädchen", die sich meist als Arbeitslose der Prostitution hingeben mußten.

Minna Wettstein-Adelt etwa wendet sich in ihren Schriften an die eigenen Geschlechtsgenossinnen des höheren Bürgertums, sie wendet sich also gezielt vor allem „an alle die tausend und tausend Frauen, die ihr Leben auf der Chaiselongue, in den Hauptstraßen, in Theaterlogen, Gesellschaften, Bällen und Konzerten verbringen, an jene weiblichen Blumen, die Treib-

> *Distinguierte Dame vom Kurfürstendamm sucht Neger zum Sprachenaustausch.*
>
> *Ehepaar aus der Provinz, Frau jung, lebenslustig, sucht gesunden, anständigen, freidenkenden Herrn zur Begleitung.*
>
> *Schönheitsfreund sucht Gleichgesinnten.*
>
> *Besserer Herr sucht Bekanntschaft eines jungen Matrosen oder Feldgrauen.*
>
> *Transvestit, perfekt in allen Hausarbeiten, sucht Stellung als Hausangestellte.*
>
> *Dame, die ihr Leben als Mann führen möchte, sucht Herrengarderobe.*
>
> *Junge, elegante Dame mit besonders gepflegten Händen und eleganter Garderobe (hohe Lackstiefel) von Künstler zwecks Heirat gesucht.*
>
> *Liebhaber besonderer Düfte sucht Beziehung zu Dame mit gleicher Liebhaberei.*
>
> (Erotische Annoncen)

*Eheliches Jugendstilkuscheln nach dem Abendessen, Holzschnitt von Felix Valloton, um 1910*

haus- und Giftpflanzen unseres Geschlechts ... Wacht auf aus Eurem jammervollen Dasein, reißt Euch los von den vergiftenden Abenteuern der Boudoirs, aus der ekelhaften, entnervenden Parfumatmosphäre, die Euch umgibt, steigt hinab in die Sphäre der Armut ..."

Was man hier zu sehen bekam, läßt den Ausspruch verstehen: „Der Sozialismus mag vielleicht eine Utopie sein, die Armut aber ist real."

Daher läßt sich in den Sittengeschichten immer wieder die Tendenz feststellen, sowohl die bürgerlichen als auch die proletarischen Ausschweifungen gleichwertig zu behandeln. Letztere münden nicht selten in die – von der Polizei häufig verfolgten – sittengeschichtliche Volkskunde. In ihr wurden neben den urbanen Umtrieben auch die ländlichen Ventilsitten ungeschminkt thematisiert. Und so wirken sie in ihrer Nähe zum bäuerlichen Brauchtum, zum Aberglauben und zu archaischen Ritualen für den kultivierten Leser der damaligen Zeit ordinär und exotisch – ähnlich den altertümlichen Hausmitteln (etwa Urin und Fäkalien) gegenüber den sauberen Medikationen moderner Schulmedizin (Pillen und Pasten).

*Eheliche Pflichten aus der Sicht von Martin van Maele, 1907*

Der Volkskundler Friedrich Salomon Krauss etwa hat in seiner berüchtigten Sammlung der „Anthropophyteia" vor allem dem Proletariat und der Landbevölkerung der deutschen und österreichischen Provinzen aufs derbe Maul und zwischen die Beine geschaut. Das Ergebnis: lebenslange Konfiszierungen und Prozesse.

## Auf den Barrikaden

Das festgefügte, männlich dominierte Frauenbild begann ab der Mitte des 19. Jahrhunderts durch technische Umschwünge und soziale Mißstände in Bewegung zu geraten. Schon Engels hatte prophezeit, daß die Frau sich nur emanzipieren könne, wenn sie sich von der Hausarbeit befreie und an der allgemeinen Produktion teilnehme.

Léon Richier verfaßte 1869 „Die Rechte für die Frau" (in diesem Jahr waren erstmals Mädchen zum Abitur zugelassen), in England hatte 1867 bereits Stuart Mill den Grundsatz der Gleichberechtigung aufgestellt (1873 wurde die erste Ärztin diplomiert), und 1878 fand der von Richier organisierte internationale Kongreß für Frauenrechte statt.

Allerdings blieben viele dieser Bemühungen zunächst relativ theoretisch, denn die Suffragetten hatten einen Zweifrontenkampf zu führen: gegen die Männer und gegen jene Frauen, die in ihren Augen mit den Männern kollaborierten. Venus, der die ganze Epoche 1900 huldigte, war die erfolgreichste Komplizin Adams. Viele Frauen wollten zwar ihr Mätressendasein ablegen, aber trotzdem in aller Freiheit ihren erotischen Neigungen beim anderen Geschlecht nachgehen. Sie wollten Frau, Mutter und Geliebte sein. Der puritanische Zug des Feminismus und seine oft geschmähten „Blaustrümpfe" beschleunigten eine erotische Emanzipationsbewegung daher nicht gerade. Wohl aber brachte die „Frauenfrage" immer wieder juridische Steine ins Rollen und das Patriarchat unter Zugzwang. Man diskutierte heftig die Rechtsnormen, die Minderstellung der Frauen und die sogenannten „Rechtswohltaten" als Handelswert der weiblichen Unbescholtenheit. Gegen die Gefahren der „Emancipierung" führte man immer wieder die Institution der Familie ins Treffen. Wilhelm Heinrichs Riehls Buch „Die Familie" (1889) war eines der meistgelesensten Bücher in der zweiten Hälfte des 19. Jahrhunderts! Die sexuelle Befreiung der Frau wandte sich gegen die „Familie als den eigentlich Beruf der Frau" – kein Wunder, wenn man das Übergreifen in die männlichen Domänen befürchtete und immer wieder vor der sexuelle Zügellosigkeit der Frauennatur warnte.

„Mit den häuslichen Sitten wird das Weib auch allemal der Sittlichkeit ledig. Und so ist dann die letzte Folge jener Überweiblichkeit, jenes Übergreifens der Frauen in Kunst und Literatur, in religiöses und politisches Volksleben ein Abgrund von sittlicher Fäulnis" (W. H. Riehl, Die Familie). Als den wirklich rechten Frauenverein, ja, als wahre Gemeinde für die Frau, wollte man lediglich „das Haus" gelten lassen, denn man witterte in der Konjunktur der Frauenvereine Schlupflöcher für auswärtsstrebende, freiheitsliebende Frauen. Auf Dauer freilich war der alltägliche und auch erotische Befreiungswillen der Frau nicht zu brechen.

1897 gründete Marguerite Durand die erste feministische Tageszeitung mit dem Titel „La Fronde". Ein Jahr später erhielten die Frauen das Recht, Handelsrichter zu werden, und 1900 konnte die erste Rechtsanwältin vereidigt werden. Der weibliche David hatte seine ersten Siege gegen den männlichen Goliath wenigstens auf Berufsebene, nämlich zwischen „Küche und Katheder", geschlagen. Doch nirgendwo in Europa zögerte man so lange wie in Deutschland, die Frauen zum Studium zuzulassen. Vielleicht war es die Angst, daß die Frauen auf die Freuden der Ehe und die eigene „Gebärfreudigkeit" verzichten könnten, schreibt doch E. F. W. Eberhard:

„Im Durchschnitt der Jahre 1842 bis 1849 heirateten noch 85 %, von da an

*Ex Libris für eine ungarische feministische Buchhandlung, um 1895*

*Pariser Suffragetten bei einer Agitationsveranstaltung, um 1890*

*Glück ohne Ehe:
Deutsche sexuallibertinistische
Zeitschrift, 1917*

fällt die Zahl der Verehelichten ständig rapid, bis in den Jahren 1900 bis 1909 nur noch 24 von 100 ehelichten und 76 ledig blieben. Hinsichtlich der Fruchtbarkeit der Ehen ergab sich, daß von 100 Ehen der ehemaligen Studentinnen 39 überhaupt kinderlos blieben, während die allgemeine Durchschnittszahl der unfruchtbaren Frauen für die ganze Bevölkerung nur 10 bis 12 % beträgt. 1890 bis 1899 entfielen noch durchschnittlich 2,4 Kinder auf jeden kindergesegneten Haushalt, 1900 bis 1909 nur noch 1,5. Als Gesamtergebnis wurde festgestellt, daß 10 studierte Frauen das Land mit 6 Kindern bereicherten, während die gleiche Zahl der übrigen, nicht studierten Frauen 40 Kinder hervorgebracht haben ... Ähnlich liegen die Verhältnisse in europäischen Ländern ... Offenbar verkümmert die geschlechtliche Leistungsfähigkeit der studierten Frauen auf Grund ihrer von Jugend an geübten geistigen Überanstrengung" (Die Frauenemanzipation und ihre erotischen Grundlagen, Wien – Leipzig 1924).

Daß die gebildeten Frauen keine Lust auf karnickelhafte Vermehrung hatten, sichtlich eine funktionierende Geburtenregelung betrieben und ihre Energien lieber in kulturellen Bereichen steckten – wie dies seit 1900 in

*Magische Erotik und ihre
Gefahren, Buchumschlag von
Moses Ephraim Lilien, 1903*

verstärktem Maße geschah –, schien dem Autor nicht in den Sinn zu kommen.

Immer mehr Literatinnen traten in die breite Öffentlichkeit, wie etwa die Comtesse de Noailles oder die geniale und aufmüpfige Colette, die immer nur ihr Credo „Ich will tun, was ich will" in alle ihre Bücher trug.

Dieses moderne Amazonenreich einer neu anbrechenden Zeit löste in vielen Teilen der Männerwelt und auch unter den Gelehrten Irritation hervor, „ist doch die Amazone die Kriegerin mit dem abgeschnittenen Busen. Diese Definition umschreibt vortrefflich den Typus der Frau von heute, sowohl ihre äußere Erscheinung, als auch ihren kampfbereiten Unabhängigkeitswillen. Bei der modernen Frau fehlt nicht nur, wie bei der antiken Amazone, die eine Brust, sondern sie hat beide Brüste verloren. Die Rückseite muß, um der herrschenden Mode gerecht zu werden, nicht minder platt sein, so daß die modernen Evastöchter einer Puppe ähneln, die hinten und vorne wie ein Brett ist. Eine abgeschnittene Brust, was bedeutet das heute, wo alles kurz geschnitten ist, von den Haaren bis zum Kleide? Die Garconne, die zuerst einen Typ darstellte und die auf den ersten Blick als eine Ausnahme wirkte, ist in allen Gesellschaftskreisen so häufig geworden, daß man über die Geschwindigkeit staunen muß, mit der sich dieser banal gewordene Typ verbreitet hat, dieser Typ, den ich sicherlich nicht erfunden habe, den ich aber in den Umwälzungen der Nachkriegszeit als erster zu erkennen hellsichtig genug war." So zu lesen bei Victor Margueritte in seinem Beitrag zur berühmten „Sittengeschichte von Paris", die Leo Schidrowitz im Verlag für Kulturforschung herausgebracht hatte.

*Keuschheitsgürtel I:*
*Kurze Renaissance, um 1900*

## Mode währt am längsten

Was Margueritte hier im Schlußkapitel der erwähnten Sittengeschichte von Paris anspricht, klingt wie der Abgesang auf das Zeitalter lebenslustiger Kurven und zeigt die Enttäuschung eines Mannes, der an die pompösen „Weiber" und prächtigen „Erscheinungen" der Jahrhundertwende mit ihren ausladenden Hüten, wallenden Haaren, enormen Vorbauten und mächtigen Hüften gewöhnt war und nun vor einer nüchternen, funktional gestylten Figur steht, die nichts mehr von der großen gestischen Aura des gesellschaftlichen Auftritts wissen will.

Sichtlich konnte Margueritte nicht ahnen, daß sich aus diesem banal und kindlich wirkenden Typus – ähnlich dem Stummfilmstar Mary Pickford – die dämonische femme fatale der zwanziger Jahre à la Asta Nielsen entwickeln sollte; und sichtlich konnte er auch nicht voraussahen, daß die von ihm so geschätzten prallen Superweiber der Gründerzeit und der Belle Époque spätestens in den dreißiger Jahren mit dem Typus der Hollywood-Diva, etwa Mae West, und den kurvigen Pin-ups der darauffolgenden Zeit wiederkehren sollten. Heute sehen wir deutlicher, daß die Jahrhundertwenden – und überhaupt jeder Zeitabschnitt! – durch Ambivalenzen geprägt waren und daß gewisse Formen nicht für immer verloren gehen. Neben jedem spindeldürren und asketisch wirkenden Computer-Girlie steht immer auch schon eine vollbusige (wenn auch virtuelle) „Lara Croft". Eine Frau, die entblättert wurde, wurde dies im tatsächlichen Sinne einer Blume. Sie war in zahlreichen Schichten regelrecht gefüllt, gefüllt mit Schärpen, Schleiern, Netzen und einer Spitzenunterwäsche, die in Richtung Körperkern immer blütenweißer wurde – der Galan arbeitete sich demnach von den für die Außenwelt gedachten dunklen Oberschichten der Kleidung immer tiefer hinein in einen immer heller werdenden Blütenkelch. Pikant dabei ist auch, daß die zahlreichen Unterwäsche-Spitzen aus Valenciennes, Irland, Mecheln oder Plauen häufig in Klöstern hergestellt wurden und zu viel billigeren Preisen an die sparsame Frau gebracht wurden als von den einschlägigen Wäschenäherinnen der „sündteuren" Metropole.

*Keuschheitsgürtel II:*
*Nur für die geile Demi-Vierge*
*(Zeichnung von Jean Touchet)*

*Der Korsettliebhaber,
aus: „La Vie Parisienne", 1896*

> „Mit ihren Rüstungen, Schilden, Halseisen, Hüftformern, Fischbeinstäbchen, Ösen, Achselstücken, Beinschienen, Schenkelharnischen, Panzerhandschuhen, Panzerhemden, Brustharnischen, Perlenhalftern, Federschnallen, Degengehängen aus Atlas, Samt und Edelsteinen – schienen diese von Tüll, Kopfputz und Wimpern strotzenden Ritter, diese heiligen, mit Spargelzangen bewaffneten Skarabäen, diese Samurai in Zobel und Hermelin, diese Kürassiere der Lust, die von Tagesanbruch an von kräftigen Kammerzofen geschirrt und gezäumt wurden, ihrem Gast steif gegenüberzustehen und ihre Schale ebensowenig verlassen zu können wie eine Perle ihre Auster ... Der Plan, eine dieser Damen auszukleiden war ein kostspieliges Unternehmen, das im voraus überlegt werden sollte wie ein Umzug."
>
> (Jean Cocteau)

Um diese zarten Dessous nicht nur unter einem Panzer wie dem Reifrock verstecken zu müssen, sondern auch wenigstens in Andeutungen öffentlich aufblitzen lassen zu können, trägt man gegen Ende des Jahrhunderts die „äußeren Blumenblätter" (Octave Uzanne) teils kurz, teils geschürzt, teils weit, teils als Humpelrock. Fließende Silhouetten mit Jupons ermöglichen es nun, beim Platznehmen und Platzverlassen die Kleider zu raffen!

Der Kulturforscher Alexander von Gleichen-Russwurm bezeichnet diese Kunst des Kleiderraffens als ein „Nonplusultra gesitteter Nonchalance" – gleichzeitig freilich gibt diese drapierte Toilettenkunst der „Dame" mit ihrem hochgesteckten Haardutt, die sich nun auch männlicher Modeassecoires bemächtigt – Husarenverschnürung, frackähnlicher Schwalbenschwanz oder gepuffte Landsknechtärmel – andeutungsweise erotische Signale der Eroberung ab und lockt so mit den vornehmen Mitteln höchster Artifizialität. In den roten Köpfen der männlichen Beobachter wurden nicht selten die Ahnungen jener schönen, langen Beine hervorgezaubert, deren Gestalt sich nur schemenhaft in den Rockkaskaden abzeichnete. Ein blitzender, fast nackter Knöchel des „Weibes" – und schon schrillte die Alarmglocke der männlichen Adrenalinausschüttung.

Daß auch der Mann zum „Herren" wurde, verdankte er nicht zuletzt jenem übersteigerten Modebewußtsein, das man damals „Stutzertum" nannte. Der englische Dandy, auch „Tulip", „Blood" oder „Spark" genannt, machte seit Beau Brummel Karriere und Fürst Pückler-Muskau trug diese englische Spezialität der eleganten Verfeinerung in die exklusiven Kreise nach Deutschland. Aber der „Arbiter elegantiarum" blieb um 1900 vor allem den „Décadents" und Künstlern vorbehalten. Sie nutzten die coolen Errungenschaften des Dandys als Protest gegen eine kommende Massengesellschaft, denn die einzige Krone, die dem Durchschnittsbürger um 1900 noch geblieben war, war nicht sein maskuliner Penis, sondern sein Zylinder samt einem stellvertretenden Szepter, dem Spazierstock. An ihn klammerte er sich, um sich in diesen „modernen Zeiten" irgendwie festzuhalten, wenn eine leichtgeschürzte Amazone am Fahrrad mit strammen Waden vorüberstrampelte. War hier etwa in der Gestalt von Stahlroß und Drahtesel die erste erotisch aufregende und vor allem kentaurische Mensch-Maschinen-Symbiose im Anmarsch? Oder handelte es sich doch bloß um den uneleganten Sport einer Generation, die ihren Körper ganz nüchtern in den Gesundheitsdienst einer neuen Bewegungshygiene stellte?

Keine Sorge: Selbst beim Tennisspielen und Schlittschuhfahren wurden die Brüste anfangs durch Korsette ins Sportkostüm herausgepreßt, die Taille wespenhaft eingeschnürt und die Gesäßbacken hervorgewölbt, um die aphrodisiakischen Wunder der Mode nicht gänzlich verkommen zu lassen. Sicherlich, um 1900 erfährt die üppige Venus Kallipygos in einer rabiaten Gegenbewegung mit dem Ideal der Magerkeit eine erste Schlappe: Die Mode will, daß jede üppige Rundung in einem Marterkorsett gewaltsam begradigt wird, um der androgynen Flachheit Genüge zu tun. In der Zeitschrift „Le Journal" vom 9. August 1900 ist zu lesen: „Ohne die Hilfe einer kräftigen Zofe mit bemerkenswertem Bizeps kann keine erhoffen, das hohe

*Erholung für den Körper: Das Reformkleid, 1903*

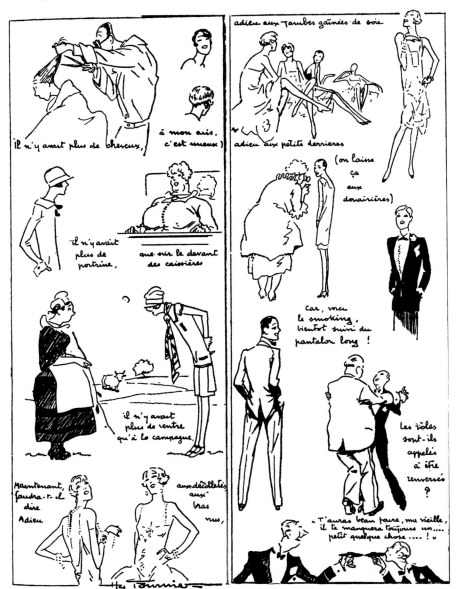

*Karikatur auf die moderne Vermännlichung der Frau von Henri Fournier in „La Vie Parisienne", 1926*

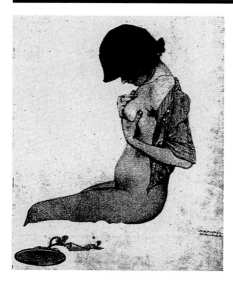

*Lolita im Selbstversuch, Gemälde von Raphael Kirchner, um 1905*

> „Eheleute haben alles zu tun, daß die Kinder wirklich das Leben erhalten; Mütter sollen überaus auf der Hut sein, nicht durch Leidenschaften, heftigen Zorn, unmäßige Traurigkeit, sündhafte Lust, durch lange andauerndes Tanzvergngügen, durch Tragen schwerer Lasten etc. den Kindern schon vor ihrer Geburt Schaden zuzufügen ... Nach der übereinstimmenden Lehre der Gottesgelehrten haben die Mütter die strenge Verpflichtung, die Kinder selbst zu nähren; so fordert es das Naturrecht, Frauen mögen bedenken, daß die Ehe nicht nur als Versorgungsanstalt und zum Vergngügen eingesetzt ist. Kann eine Mutter aus wichtigen Gründen das Kind nicht selbst nähren, dann darf sie durch eine gute Amme, die hinsichtlich Gesundheit und Sittlichkeit vollständig verläßlich ist, ersetzt werden; nicht umsonst sagt ja das Sprichwort, daß Tugend- oder Lasterhaftigkeit mit der Muttermilch eingesogen wird."
>
> *(Goldenes Alphabet für christliche Eheleute, Linz-Urfahr, 1903)*

Privileg einer Flachheit zu erringen, die sie dann in einer alten Schachtel liegenden Bleisoldaten ähnlich macht."

Grund für den Mann also, sportliche Rache zu üben! Und so tauscht er etwa das edle Jackett gegen den schlabbrigen Pyjama. Die Schnauzer werden rasiert und die Bärte in die ewigen Jagdgründe der verzopften Vergangenheit geschickt. Blau schimmernde Kinnladen ragen nun immer häufiger nackt und glattrasiert, also keck und obszön in die Frühlingsluft eines neuen Jahrhunderts ...

## Schlachtfeld Körper

In der zweiten Hälfte des 19. Jahrhunderts erlebte der Unterleib, vor allem der weibliche Unterleib, seine medizinische Karriere, etablierte sich doch erstmals eine diesbezüglich eigenständige medizinische Spezialdisziplin: die Gynäkologie. Sie beschränkte sich allerdings nicht auf Krankheiten und Hebammendienste, sondern maßte sich jene Definitionsmacht an, die über „das wahre Weibliche" entscheidet. Dies reichte von einer Philosophie der allmächtigen Eierstöcke, wie sie Rudolf Virchow vertrat, bis zur Psychopathia sexualis eines Krafft-Ebing, der nicht nur Frigidität und sexuelle Hysterie unter die vermeintliche Lupe nahm, sondern auch ernsthaft von der „pathologischen Liebe von Ehefrauen zu anderen Männern" sprach und darin wohl ein reiches Forschungsfeld vermutete!

Das Zauberwort „Hygiene" im Zusammenhang mit dem Aufschwung der modernen Medizin rief wie selbstverständlich nicht nur Gesundheitsapostel auf den Plan – die um die Volksgesundheit bangten –, sondern auch findige Politiker, die daraus gleich auch Kapital schlagen wollten.

So schlug doch tatsächlich 1894 der Abgeordnete Plagnol in einer Pariser Kammersitzung vor, eine Steuer auf das sexuell aufreizende und so schädliche, aber weitverbreite Mieder einzuheben! Wie ein Lauffeuer verbreitete sich die Nachricht von einer „Korsettsteuer", und schon kursierten in den Feuilletons der Presse Vorschläge zur „Steuerhinterziehung"!

Aber die Tage der „Körperplastik" waren ohnehin gezählt, denn eine neue Natürlichkeit drängte zur Bewegungsfreiheit, und im Zeitalter der lockeren „Reformmode" mit ihren Sackkleidern und Damenhosen mußte das Mieder schließlich als perverser Fetisch in die Reiche der Pornographie und Psychopathologie abwandern ...

Die breite Öffentlichkeit ereiferte sich später allerdings kaum mehr über die „hochgewalzten Fleischwülste" von Miederträgerinnen, sondern geriet zunehmend in den Sog einer mehr oder minder gutgemeinten Sexualaufklärung, die sich freilich ganz im Geiste der Zeit neben physiologischen Ratschlägen zu Ovulation, Menstruation oder Samenfluß vor allem der moralischen Implikationen der „Natur des Weibes und seiner Bestimmung" verschrieb.

Die Diskussion um geschlechtliche Mißwirtschaft außerhalb der Ehe, Jungfräulichkeit vor der Ehe, sexuelle Exzesse in der Ehe und verheerende Onanie statt der Ehe füllten ganze Bibliotheken.

Um 1900 etabliert sich daher erstmals in großem Ausmaß eine breit angelegte Ratgeberkultur. „Knigge" wurde zum Synonym für gutes Benehmen. Konstanze von Franken veröffentlichte 1900 in Berlin ihr berühmtes Buch „Der gute Ton". Darin legte sie nicht nur die herrschende Gesellschaftsetikette vor, sondern fügte auch eine „Agenda für Toilette" bei. Diese „Toilettenwinke" beginnt sie mit einem Zitat von Lavater: „Es giebt kein noch so schönes Gesicht, das nicht der Entstellung und kein noch so häßliches, das nicht der Verschönerung fähig wäre."

Und so kümmert sie sich um Nasenröte: Man meide den Ungarwein und lege einen Mandelteig oder ein Säckchen mit Kampfer auf den Nasenrücken. Zur Förderung des Haarwuchses empfiehlt sie Zwiebelwasser und

Klettenwurzelöl. Zur Vermeidung von Runzeln gibt sie den weisen Ratschlag, das Stirnrunzeln zu vermeiden und das Lachen einzuschränken. Aber auch Wasser mit Kornblumenblättern tut seine Wirkung. Die Achselhöhlen pudere man mit Veilchenwurzelpulver. Von erotisierender Schminke in Weiß oder Rot rät die Autorin grundsätzlich ab, denn sie verhindere, daß man die „reizende Fähigkeit zu erröthen und zu erblassen" verliere – durch die entstellende Schminke kann nämlich kein natürliches Farbenspiel mehr stattfinden!

Ein kleines Kapitel gilt dem Mann. Er solle doch nur im Rauchsalon rauchen, nicht im Ballsaal, nicht im Musikzimmer, nicht im Schlafzimmer, nicht in der Küche. „Beim weiblichen Geschlecht, mit Ausnahme der Halbwelt, hat sich in Deutschland, im Gegensatz zu anderen kulturell niedriger stehenden Ländern, das Rauchen nicht eingebürgert."

Die medizinischen und hygienischen Ratgeber gingen freilich weiter und

*Bodypainting 1903: Die Pariserin Albina, 15 Jahre alt, mit bemalter Brust (eine Aufnahme eines k. u. k. Hof- und Kammerphotographen in Wien)*

*Exhibitionisten im Gründerzeitambiente: Küssen ist keine Sünd'*

„Undeutsch und gefährlich ist das Pariser Korsett. Es zerstört die Gesundheit und vernichtet die Aussicht auf gesunde Nachkommenschaft, welche die wichtigste Grundlage für den Fortbestand des deutschen Volkes in seiner Größe und Kraft bildet. Weg damit aus unserem Kulturkreis! Echt deutsch und schönheitsbildend sind der Thalysia-Büstenhalter und der Thalysia-Edelformer; sie begünstigen alles, was das Pariser Korsett zerstört. An Schönheit und Wirkung sind sie ihm überlegen, an hygienischen Eigenschaften himmelweit voraus! Eine echt deutsch fühlende Frau, ein echt deutsch empfindendes Mädchen benützen nur diese beiden deutschen Körperbildner!"

*(Reklame für die deutsche Taille, Thalysia Paul Garms G.m.b.H. Leipzig – Connewitz)*

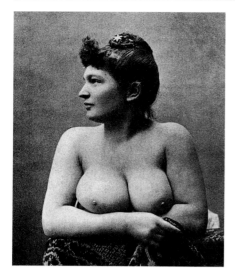

*Die Äpfel der erotischen Erkenntnis I: Czernowitzer Lieblingsmodell des österreichischen Sexualfolkloristen Friedrich Salomo Krauss, 1903*

*Die Äpfel der erotischen Erkenntnis II: Kammerkätzchen und Gwendolin-Vorfahrin mit frugalem Frühstück, Radierung von Max Brüning, 1920*

verlegten die Kosmetik vom öffentlich sichtbaren Körperbereich auch in den versteckten Unterleib. Man sorgte sich für Fruchtbarkeitstechniken ebenso wie für Geburtenregelung. Nach allen Vorschlägen für Vaginalspritzen, Karbolspülungen, Schwammkugeln, Präservativen und Pessaren tauchten auch gelegentlich kuriose Vorschläge für Methoden auf, die den rein medizintechnischen Anwendungshorizont verließen und sich auf erotisches, aber ungesichertes Terrain wagten.

Unter den zahlreichen Ratschlägen, die Empfängnis zu verhindern, ist wohl jener von Karl Buttenstedt der originellste: In seinem Buch „Die Glücksehe" geht er von der Vorstellung aus, daß milchende Frauen während des Stillens nicht empfangen. Aus diesem Grunde müsse durch den Mann und sein Saugen an den Brustwarzen seiner Frau die Milchung herbeigeführt werden, wodurch die Empfängnis nicht stattfinden kann. Der Autor empfiehlt daher dringend, daß der Mann bei seinem Weibe sich an das Saugen der Brüste gewöhne und täglich des öfteren einige Minuten lang je an einer Brustwarze hänge – nach einigen Tagen würde sich ganz automatisch die Milchung einstellen.

Buttenstedt vergißt auch nicht, auf die systemische Gerechtigkeit dieses kreisläufigen Vorganges hinzuweisen: Indem der Mann milchsaugend seinem Weibe die Energien entziehe, gebe er im Geschlechtsakt durch sein Sperma dem Weibe wieder die durch die Milch empfangene Kraft zurück, worauf diese wieder den durch den Geschlechtsakt geschwächten Manne durch ihre Milch stärke, worauf der Gatte die geschwächte Frau wiederum im Geschlechtsakt ... und so weiter und so fort im sexuellen Perpetuum mobile der Empfängnisverhütung. Denn erst in der dauerhaften Vereinigung, so Buttenstedt, werden Mann und Frau zu wirklichen „Vollmenschen" ...

Die Vollmenschen dieser Zeit allerdings konzentrierten sich nicht immer auf den Busen als Milchpumpe, sondern begannen ihn aus ästhetischen Gründen jenseits aller textilen Einschnürungen ästhetisch zu traktieren: Es wurde plötzlich modern, Busenringe zu tragen!

Man ließ nun nicht nur die Ohrläppchen, sondern auch die Brustwarzen durchstechen und mit Ringen versehen, vielfach auch in der irrigen Hoffnung, daß durch die Perforierung das Wachstum der Brüste gefördert würde. Hauptgrund freilich war das zur Schau getragene Bewußtsein der permanten, sexuellen Gereiztheit. Die großen Dekolletés erlaubten es, bei günstigem Neigungswinkel Einblick in die üppige Obstlandschaft samt Ringschmuck zu erhaschen.

Derlei erektionsfördernde Phänomene der „modernen Zeit" wurden nicht nur von Sittenwächtern und Ärzten mißtrauisch beobachtet, sondern man ging immer wieder daran, auch praktische Abwehrmittel anzupreisen, um den Zusammenhang von „Sexualität und Krankheit" in „Sexualität als Krankheit" umzumünzen. Jeder Bürger mußte vor seinem Glied und jede Bürgerin vor ihrer Vagina geschützt werden! Und beide mußten voreinander in moralische Schutzhaft genommen werden!

Die um 1900 von vielen Firmen angepriesenen Keuschheitsgürtel gegen Onanie und Seitensprung allerdings sollten nicht lange auf dem Markt bleiben, denn der Trieb, sich autoerotischen Phantasien hinzugeben oder auch außereheliche Freuden zu genießen, konnten selbst solche martialischen Prozeduren nicht verhindern.

Für Seitensprünge aller Art wurde es in Paris um die Jahrhundertwende Mode, eigene Rendezvoushäuser aufzumachen. Sie waren keine herkömmlichen Bordelle, sondern verschwiegene Absteigen für durchaus seriöse Paare, die in Ruhe und ungestört von gesellschaftlicher Spionage ihren körperlichen Leidenschaften nachgehen wollten. 1900 kannte man zehn Häuser, 1903 waren es 76 und ein Jahr später bereits 126 Etablissements dieser Art. Angebot und Nachfrage regulierten hier sichtlich die erotische Gründerzeit von selbst ...

# Muskelspiele

Die kulinarischen Ausschweifungen und Nachtschwärmereien der Belle Époque ließen die Bürger immer fetter und fetter werden, ein Zustand, der Edmond Desbonnet nicht ruhen ließ. Er nannte die körperliche Verfassung Frankreichs eine Schande und predigte seinen Mitbürgern, daß es mit dieser Dekadenz nicht so weitergehen könne. Er selbst besaß einen gestählten Körper, und die Sentenz, daß ein gesunder Geist in einem gesunden Körper zu leben habe, ließ ihn zum Urahn der Fitneßbewegung werden. Es gelang ihm, ins Parlament einzudringen und die Politiker wegen ihrer Fettwänste zu attackieren. Er animierte die Abgeordneten, ihren Speck loszuwerden, und rührte erfolgreich die Werbetrommel für sein Gesunheitsprogramm. In Lille gründete er die ersten, kostenlosen (!) Studios und investierte seine gesamte Erbschaft in das Unternehmen. Danach eröffnete er 1900 in der Rue de Ponthieu in Paris das erste Studio für Körperkultur – mit Reckstangen, Zugmaschinen und Scheibenhanteln. Innerhalb kürzester Zeit schossen mehr als 200 Institute nach der „Methode Desbonnet" in ganz Europa aus dem Boden, etwa in Spanien, Italien, Österreich und in Skandinavien. Desbonnet regte nicht nur Pierre de Coubertin an, die Olympischen Spiele nach 16 Jahrhunderten wiederzubeleben, sondern produzierte für seine „Culture physique" an die 5000 Fotos: stramme Herren und wohlgestaltete Damen im Adamskostum und in antikisierenden Posen. Seine Magazine und Periodika erreichten Rekordzahlen! Vor allem die Jugend, die nach dem Deutsch-Französischen Krieg von 1870 dem Nihilismus zuneigte, sollte zu seinem Sport begeistert werden, schließlich war es ja auch Turnvater Jahn in Deutschland drei Generationen vor ihm gelungen, die Körper Germaniens zu trainieren. Desbonnet, der sich selbst als anämischer, von den Ärzten aufgegebener Jüngling mit morgendlichen Erdbeerkuren und einem eigenen Ernäherungsplan zum Modellathleten hinaufgearbeitet hatte, unterrichtete nun Schauspieler, Tänzer und Damen aus der Unterhaltungsbranche. Der erotische Sportkörper machte Schule, den weltweiten Siegeszug freilich erreichten erst die kanadischen Brüder Weider mit ihrem „Body building" und der Begründung von „Mister Universum"-Wahlen.

*Die Äpfel der erotischen Erkenntnis IV: Ich biete meine Äpfel feil – Das Mieder und seine Früchte, Federzeichnung von Henri Legrand, um 1910*

*Die Äpfel der erotischen Erkenntnis III: Erotische Bibelillustration von Moses Ephraim Lilien, 1909*

*Die Äpfel der erotischen Erkenntnis V: Achetez des pommes, um 1890*

Desbonnets Methode zielte nicht auf hypertrophe Muskelpakete, sondern auf schlichte Körperertüchtigung im antiken Sinne. Seine Photos zeigen wohlproportionierte Körper beiderlei Geschlechts, ganz in historistischem Ambiente, wohl auch, um den Moralposteln angesicht dieser kultivierten Nuditäten den Wind aus den Segeln zu nehmen. Hier rekelten sich keine lasziven Körperfetischisten, sondern harmonisch geformte Zeitgenossen. Sein „Salle de la culture physique" erreichte alsbald nicht nur die besseren Stände, selbst die unteren Schichten und auch emanzipierte Frauen ließen sich immer häufiger durch Hohlkugelstäbe und Spezialmaschinen muskulös aufmöbeln. Die Korrektur der von ihm angeprangerten Zivilisationsschäden konnte man nun in jeder von ihm abgelichteten stolzen Blöße in

*Edmond Desbonnet, Pionier der athletischen Körperkultur, um 1890*

*Im Olympiaring vereint: Französische Leichtathletinnen vor dem Training, um 1920*

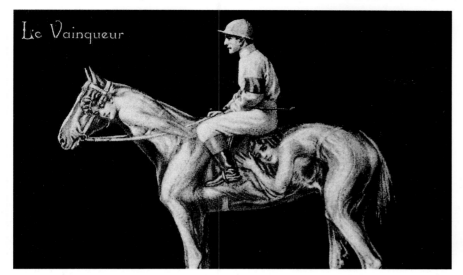

*Spaß am Reiten, erotische Postkarte, um 1904*

Augenschein nehmen und überprüfen: Selbst für den Reklamegag des Vorher-nachher-Fotos muß er als Pionier gelten. Keine Photoretuschierungen oder digitalen Tricks wie heute können seinem Bildarchiv angelastet werden: Die Körper sind prachtvolle Zeugnisse seiner unfehlbaren Methode!

*Abbildung Seite 32: Nacktsportlerin bei einem Blumenkorso in einer französischen Kleinstadt, um 1890*

*Abbildung Seite 33: Buchumschlag, 1904*

*Die Frucht des 19. Jahrhunderts: Dabeisein ist alles, Programm zum offiziellen Olympiafilm, Berlin 1936*

Amors Faust

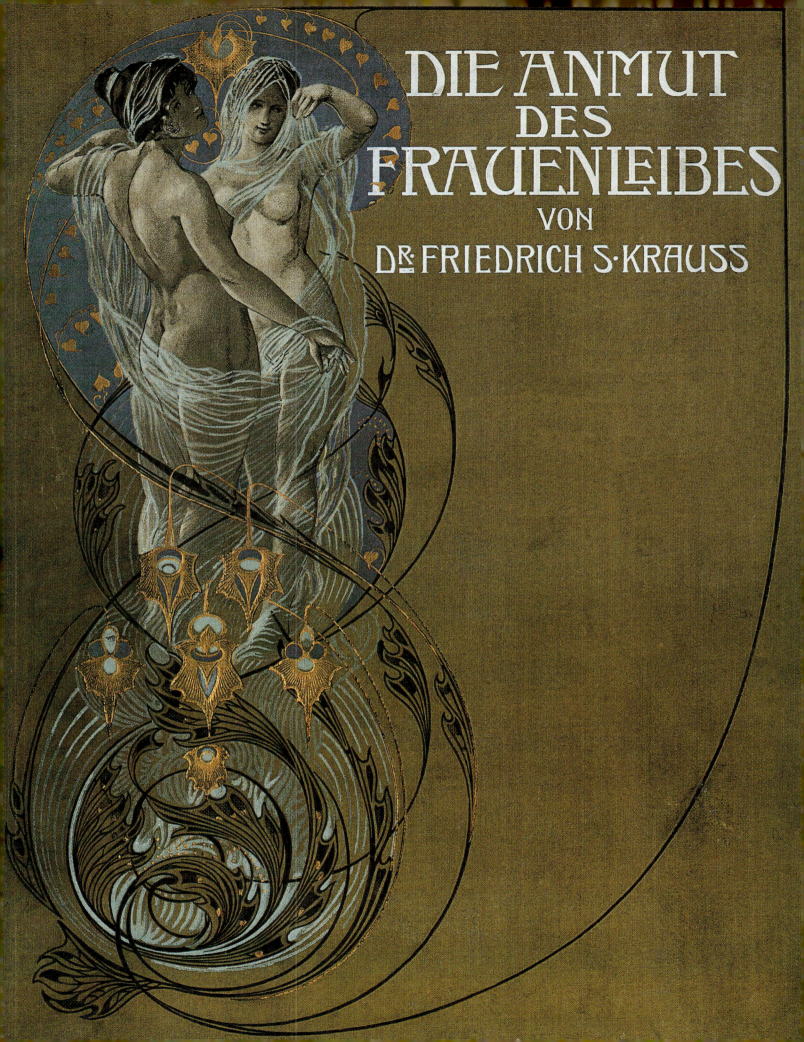

# Liebesgaben im Hurentempel

## Prostitution zwischen Plüsch und Straße

ie bürgerliche Gesellschaft besteht aus zwei Arten von Männern, aus solchen, die sagen, irgendwo sei eine Lasterhöhle ausgehoben worden, und solchen, die bedauern, die Adresse zu spät erfahren zu haben. Die Einteilung hat den Vorzug, daß sie sich auch in einer und derselben Person vollzieht, weil nicht Gegensätze der Weltanschauung, sondern nur Umstände und Rücksichten für die Wahl des Standpunktes maßgebend sind."

Mit diesem messerscharfen, den persönlichen moralischen Dualismus entlarvenden Zitat traf der österreichische Meisterzyniker Karl Kraus 1908 punktgenau den Zeitgeist seiner Epoche, wobei sich an dieser Ansicht bis heute nicht viel geändert haben dürfte.

In grauen Urzeiten nahm man es mit der Moral allerdings nicht so genau, präziser gesagt, waren Prostituierte geachtete Mitglieder der Gesellschaft, die bereits in frühen Zeugnissen der Dichtkunst besungen wurden. Rund 5000 Jahre vor Karl Kraus heißt es im Gilgamesch-Epos, einer altbabylonischen Erzählung aus dem dritten vorchristlichen Jahrtausend:

„Geh, führ, o Jäger, mit dir
Eine Dirne nun, die Hure!
Wann denn das Wild herankommt zur Tränke,
Dann werfe sie ab ihr Kleid, sie enthüll ihre Wollust!
Sieht er sie erst, so wird er ihr nahn;
Doch sein Wild wird ihm untreu, das aufwuchs mit ihm in der Steppe.
Es ging der Jäger, führend
Eine Dirne mit sich, die Hure;
Sie nahmen den Weg, wählten die rechte Straße.
Am dritten Tag langten sie an am Ort der Bestimmung.
In ihr Versteck setzten der Jäger sich und die Dirne.
Den ersten Tag, den zweiten Tag setzten sie sich gegenüber der Tränke.
Es kam das Wild und trank an der Tränke,
Es kam das Getier, fand sein Wohlsein am Wasser.
Aber Enkidu, der dem Gebirge entsprossen ist,
Er verzehrt auch mit den Gazellen das Gras,
Trinkt mit dem Wild an der Tränke,
Ward wohl seinem Herzen am Wasser mit dem Getier.
Ihn sah die Hure, den wilden Mann,
Den würgerischen Menschen aus dem Inneren der Steppe.
Dies ist er, Hure! Mach frei deine Brust,
Deinen Schoß tu auf, daß deine Fülle er nehme!
Scheue dich nicht, nimm hin seinen Atemstoß!
Sieht er dich erst, so wird er dir nahn.
Dein Gewand entbreite, daß auf dir er sich bette,
Schaff ihm, dem Wildling, das Werk des Weibes:
Dann wird sein Wild ihm untreu, das aufwuchs mit ihm in der Steppe;
Sein Liebesspiel wird über dir raunen!
Ihren Busen machte die Hure frei,
Tat auf ihren Schoß, er nahm ihre Fülle,
Sie scheute sich nicht, nahm hin seinen Atemstoß,
Entbreitet' ihr Gewand, daß auf ihr er sich bettete,
Schaffte ihm, dem Wildling, das Werk des Weibes –

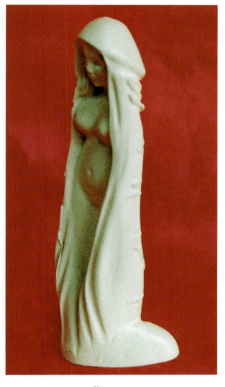

*Marianischer Überraschungs-Godemiché, Vorder- und Rückansicht, um 1910*

*Abbildung Seite 34:
Erotische Daguerreotypie, um 1860*

*Das Herz als Bombe, Umschlagillustration von Gottfried Sieben, um 1905*

*Unfreiwillige Erotik in der Werbung, Emailschild, um 1925*

*Europa und die Lustseuche: Vorher – nachher, moralisches Genrebild, um 1905*

Sein Liebesspiel raunte er über ihr.
Sechs Tage und sieben Nächte war Enkidu auf,
Daß er die Hure beschlief."

Zur Erläuterung: Gilgamesch, der Herrscher in Uruk, zu zwei Dritteln Gott, zu einem Drittel Mensch, hatte eine Art frühen Wolfsjungen namens Enkidu als Gegenspieler, auf den er den erwähnten Jäger samt Freudenmädchen ansetzte. Der Plan ging nicht ganz auf, Hure und Enkidu wurden ein Paar, mit dem positiven Nebeneffekt einer spektakulären Versöhnung zwischen den beiden Kontrahenten.

Schon dieses Happy-End aus der Frühzeit der erotischen Literatur zeigt den hohen Stellenwert des horizontalen Gewerbes, das mit Recht das älteste genannt wird.

## Zeitreise durchs Milieu

Springt man auf der imaginären Zeitmaschine rund zweieinhalb Jahrtausende in Richtung Christentum, so taucht beispielsweise der Name Aspasia auf, von Beruf Hetäre, nicht nur aller sexuellen Künste kundig, sondern auch hochgebildet. Der Athener Staatsmann Perikles gehörte zu ihren Beglückten und auch geistigen Nachhilfeschülern – schließlich wurde er sogar ihr Lebensgefährte –, Sokrates weilte gerne in ihrer Gesellschaft, und selbst der große Plato hinterließ der humanistisch gebildeten Nachwelt einige lobende Worte über sie.

Auch die segensreiche Einrichtung der Bordelle, deren kultureller Nebenaspekt in der heutigen Konsumgesellschaft leider weitgehend verlorengegangen ist, hat seine Wiege im alten Griechenland. Solon – Ahnherr aller Juristen – soll das erste Freudenhaus Athens – übrigens die Bumsmetropole des klassischen Altertums, etwa dem heutigen Bangkok oder Budapest vergleichbar – eingerichtet haben, wie ja überhaupt die Prostitution im alten Griechenland boomte. Als Gegenmittel zur ebenso beliebten Homophilie, wie Kenner der antiken Sozialhistorie glaubhaft versichern.

Den gleichen Zweck verfolgte übrigens eine Verordnung des Dogen von Venedig im 15. Jahrhundert, wonach Prostituierte von Amts wegen mit völlig nackten Brüsten an ihrem Fenster sitzen mußten – nebenbei war dies auch die Bekleidungsvorschrift der altgriechischen Hetären. Diese verordnete Mode diente nicht nur der Kenntlichmachung, sondern sollte vor allem

*Historisierend: Hetären im Bade, um 1900*

den Jungvenezianern Lust machen, Knabenliebe war ja auch in der Serenissima ein weitverbreiteter Brauch, sichtlich eine Begleiterscheinung jedes Seefahrervolkes. Nicht so berufsbezogen war die Hurentracht in weniger sinnesfrohen Städten. In Zürich trugen die leichten Damen rote Kappen, in Wien gelbe Schulterstücke und in Turin gehörnte Mützen.

Die freizügige Markusrepublik bildete zu jener Zeit eher die Ausnahme, wenngleich Papst Clemens VIII. nichts daran fand, auf Grund einer von ihm erlassenen Bulle die Hälfte des Vermögens einer verstorbenen Prostituierten der Mutter Kirche zuzuführen.

Übrigens mußten im Mittelalter die professionellen Freudenspenderinnen Steuern zahlen. Andererseits waren die bezahlten Beiwohnungen auch steuerlich absetzbar bzw. als Spesen verbuchbar, womit gegenüber der heutigen Zeit eindeutig ein Rückschritt zu verzeichnen ist.

Apropos Rückschritt: Obwohl Kaiser Karl V., in dessen Reich die Sonne nicht unterging, bei seinem Einzug in Antwerpen von Dutzenden Prostituierten in einer festlichen Prozession empfangen wurde, zeigte sich der Herrscher des Römisch-Deutschen Reiches wenig dankbar. 1530 stellte er das „leichfertige Beywohnen" ab, die Freudenhäuser wurden geschlossen. Nebstbei eine Maßnahme, die hinsichtlich einer blühenden Bordellkultur bis heute einen nachhaltig negativen Einfluß auf manche Territorien des ehemaligen Heiligen Römischen Reiches Deutscher Nation ausübt.

Sein Bruder, Ferdinand I., rief – lange vor seiner Nachfahrin Maria Theresia mit ihrer legendären Keuschheitskommission – 1526 die erste Sittenkommission ins Leben. Das bedeutete das Aus für den bis dato unter obrigkeitlicher Bewilligung ausgeübten Dirnenberuf und drängte die Prostitution in den Untergrund.

Maximilian II. verschärfte die Strafbestimmungen weiter, und unter Kaiser Matthias wurde 1566 für ertappte Dirnen das „Narrenkötterl" eingeführt, die Zurschaustellung in einem kleinen Käfig, dazu Prügelstrafen verschiedener Härtegrade.

Auf diese Weise blühte die Prostitution in Scheinberufen wie etwa Kellnerin. Maria Theresia verfügte daher 1774, daß das Wirtshauspersonal nur mehr aus Personen männlichen Geschlechts bestehen dürfe.

Davor wurde aber noch die Tradition der Wirtshausprostitution begründet, eine Spezialerscheinung, die neben dem Straßenstrich besonders in Wien

*Hetären-Dienstkleidung im alten Griechenland*

Liebesgaben im Hurentempel

*Abwechslung bei der Sonntagsmesse: Kirchenbuße eines Freudenmädchens, Stahlstich, um 1780*

und Frankfurt am Main häufig anzutreffen war. 1714 erschien dazu in Wien ein entsprechendes, von einem anonymen Moralisten verfaßtes Lokalkolorit unter dem Titel „Neu eröffnetes Wein-Wirths-Haus oder Curioser Gast-Hof" in Buchform. Darin werden Zustände, Belegschaft und Gäste in recht lautmalerischer Weise geschildert:

„Mancher Orten aber haben die Wälle und Pasteyen nur die Freiheit, dass man darauf allerhand liederliche Wirthshäuser passiret, worinnen die leichtfertigsten Bubenstück und s. v. Hurrereyen nebst anderen abscheulichen Sünden (daran einem möchten die Haar gegen Berg stehen) getrieben und begangnen werden, allerley Unziffer, garstige Mist-Hammln, Mist-Butten, wilde Beern, stinkende Zottl-Böck, Lumpengesind, kottige Wald-Traschlen, Venus-Böck, kretzige und schäbige Muschen, schändliche Nacht-Eullen, Zügeunner-Adl, Gemeiner-Stadt Ausswurff, graussliche Prat-

*Frühes Reklamephoto einer Wiener Prostituierten, 1876*

Liebesgaben im Hurentempel

zen-Gesichter, Gallentäri-Fräulen, und anderes französisches Frauen-Zimmer so in der Stadt schon ein Eisen abgerennet, alle diese machen ihre Exercitia an denen Stadt-Mauern und auff denen Wällen treiben das Venus-Handwerk daselbst. Die Wirth darauff geben grossen Zinnss, mithin thun sie, was sie wollen, schencken Bier und Wein, halten dabey wilde, schwartz und braune Jungfrauen; vel quasi wie denn viller Orthen dergleichen Laster-Viecher anzutreffen.

Manches mahl hat auch ein jegliches solches Muschen-Hause seinen ordentlichen Spitz-Nahmen: als zum Exempel: bey der neunfingert-Steyrischen Gredl, oder zum nakenden Kapauner. Bey der angestrichenen Julerl; oder zum zerbrochenen Spiegl, Bei der Tyrollerischen Medritat-Krammerin-Frantzl; oder beym grünen Hut. Bei der kleinen Tobacks-Krammerin, zur wilden Sau. Bey der Schneider Kundl zur verguldten Gaiss, und noch andere Oerther mehr."

Handelt es sich bei dieser Schilderung zwar nicht um einen im 18. Jahrhundert in Mode gekommenen „Galanterieführer" – von weiterführender, praxisbezogener Literatur wird noch die Rede sein –, so kann der erotisch versierte Europäer doch gewisse Parallelen zu Frankfurt am Main erkennen.

*Hurenstrafen im alten Wien: Zankgeige, Haarabschneiden und Rute, Lithographie, 1852*

Liebesgaben im Hurentempel

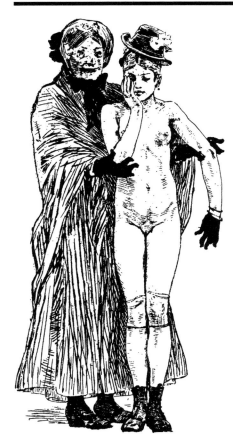

*Die Anfängerin, Illustration von Félicien Rops, um 1870*

*Die Fortgeschrittene, Zeichnung, um 1890*

Gegen Ende des 18. Jahrhunderts schrieb der Frankfurter Hautarzt Johannes Christian Ehrmann einen solchen „Galanterieführer" durch seine Heimatstadt. Als Amtsarzt und somit medizinischer Betreuer der registrierten käuflichen Damen war er natürlich aus erster Hand informiert. Literarisch dürfte er von Goethe beeinflußt worden sein, mit dem ihn eine enge Freundschaft und das gemeinsame Interesse für Mineralogie verband – ein innerer Zusammenhang zu seinen sonstigen Passionen ist schwer herstellbar. In mehreren Briefen an einen fiktiven „Freund" – so die stilistische Verpackung – schildert er die Vorzüge der einschlägigen Frankfurter Szene und die manchmal zu einer Parallelaktion ausartende Kombination von Kopulation und Kulinarischem:

„Bester Freund!

‚Zum Schwanenwirt müssen wir heut' gehen!' So sagte mein Freund heute morgen, und soeben kommen wir von ihm, dem lieben Herrn Finger und seiner versoffenen lieben Ehekonsortin aus dem Schwanen in Bornheim. Was da für ein Leben ist! Freund, im türkischen Paradies kann's nicht lustiger hergehen. Vier Nymphen, frisch wie Rosen und mit vollen Brüsten tanzten und hurten.

Wir gingen in das obere Gastzimmer, wo wir eine sehr zahlreiche Gesellschaft antrafen. Man ist hier so ungezwungen, so frei, ich glaube, wenn man in Gegenwart aller Anwesenden der Liebe pflegte, es würde niemand zusehen und man könnte in einem fort seine Sache machen. Wir sahen Venus Bruderschaft trinken. Brauchst nicht darüber zu lachen.

Höre, wie das zugeht. Jeder Bornheimer Nymphe ihr Röckchen ist auf jeder Seite eine gute Elle weit aufgeschlitzt. Einer steckt seine Hand auf dieser Seite und der andere auf jener Seite in den Rock, man gibt sich die Hände, legt sie auf des Mädchens Liebestempel und nun trinkt man aufs Wohltun. Dies ist etwas alltägliches und in allen Freudentempeln Bornheims üblich. Die Lust, ein Mädchen ganz nackt zu sehen, wurde plötzlich in mir rege. Ich nahm ein Mädchen bei Seite und diese führte mich in ein Nebenzimmer. Augenblicklich war sie ausgetan und zeigte mir alles, was sie hatte. Öffentlich!

Das Erinnern meines Mentors, mich in Obacht zu nehmen, wurde ebenso rege, als vorher die Lust, das Mädchen nackt zu sehen. Ich bezahlte sie ebenso gut, als wenn ich wirklich Wollust bei ihr genossen hätte und ging wieder in die Gaststube. Die vier Nymphen des Herrn Finger sind alle gesund und man hat im Schwanen so leicht nichts zu befürchten. Deswegen hat der Mann auch Zuspruch genug. Er ist ein gelernter Chirurgus und visitiert seine Schäfchen täglich. Und doch soll vor einigen Jahren eine schöne Berlinerin bei ihm nicht rein gewesen sein. Sie wurde ihm zu einer Zeit geholt, da er sich nicht vorsah, gezüchtigt und zur Stadt hinaus gebracht.

Wir blieben noch bis nach zehn Uhr und auf dem Weg hatten wir das Vergnügen, die Mamsell Bouillon oder Fleischbrühe (dies ist ihr Beiname) anzutreffen. Das Mädchen ist ziemlich schön, handelt mit Lebkuchen, Gebackenem und mit ihrer Person. Sie soll schon ein Kind gehabt haben, aber das tut nichts. Sie soll doch noch gute Arbeit machen. Sie ist eine Bürgerstochter von Frankfurt und trägt Gebackenes nach Bornheim und auch in die Weingärten in Frankfurt. Viele solcher Mädchen, darunter zum Teil recht hübsche sind, handeln damit und lassen sich alle kaufen ..."

Zurück nach Wien. Was Bornheim für Frankfurt, war der Spittelberg für Wien – heute ein revitalisiertes Nobelviertel im siebenten Bezirk. Der Spittelberg war für seine sogenannten „Beisln" berühmt. Wie es dort um die Mitte des 18. Jahrhunderts zuging und wie raffiniert der potentielle Freier abgezockt wurde, schildert ein zeitgenössischer Bericht:

„Wann es einem Venusbuben zu wohl ist, so fällt er in das Netze und kehrt ein, als dann mag er zusehen, wie teuer er seinen Vorwitz werde bezahlen müssen. Bei erstem Eingang der Haustür laufft die Wirtin mit einer Masskandel in den Keller, bringt vor eine ganze Maß drey Seitl von dem besten sechs Kreutzer Wein, und rechnet dem Herrn Gast davor acht Groschen, darauf fängt die Wirtin zum ersten zu trinken an, schenkt sodann ein Glas der Musche oder Kostjungfer ein, nach diesem saufft die Kupplerin, und endlich kommt es auch auf den Gast. Kaum ist dieser erste Aktus vorbei, da nimmt die Wirtin abermals die halbleere Kandl, schütt den Wein vor die Tür in einen alten Haffen, oder wiederumb in das Vass, und kommt mit einer frischen Maß Wein von der vorigen Gattung, mithin werden sechzehn Groschen aufgeschrieben. Da nun die anderte Maß mit fünf oder sechs Gläsl absolviert wird, geht man um die dritte und der Wein tragt schon vierundzwanzig Groschen aus, ehe der Gast sich einmal recht in der Stuben umgesehen hat, unterdesssen fängt die Misteure oder die Jungfer mit dem großen H an ihre Ware auszulegen, setzt sich dem Gast auf den Schoß und macht nach ihrem gewöhnlichen Gebrauch allerhand akademische Stellungen, umb das Venusfeuer recht aufzuwecken. Wenn dieses dann in einer dunklen Hinterkammer gelöscht ist und der Gast noch zum Spenden einer opolenten Mahlzeit animiert war, und wenn er dann endlich zum Zechenmachen kam, da ist in einer Stund einem Buhler der Beutel um 13 oder 14 oder 15 Gulden göfeget und geleichert."

*Aristokratisches Bordell, Lithographie von Ruben de Couder, 1884*

Wie erwähnt, die Habsburger waren keine Freunde der Huren, und Keuschheitskommission-Erfinderin Maria Theresia hatte für „liederliche Weibspersonen" spezielle Sanktionen vorgesehen. Josef Schrank beschreibt sie 1886 in seiner „Geschichte der Prostitution in Wien":

„Nach der Theresianischen Strafprocessordnung war die gewöhnliche Strafe der Huren das Auspeitschen. Wurde jemand von den Prostituirten angesteckt oder hat sich dieselbe kleinere Diebstähle zu Schulden kommen lassen, so war das Verfahren noch strenger und die Betreffende wurde der Tortur unterworfen.

Das Urtheil wurde von einem Richter der niedersten Instanz gefällt und auch bald vollzogen. Sie wurde bis auf das Hemd entkleidet, barfuss nach der Kirche geführt, wo sie in einem Sack, der unter dem Kinn zugebunden ward, gesteckt wurde; hierauf schnitt und rasirte ihr der Henker die Kopfhaare bis an die Haut ab, und der nackte Schädel wurde dann mit Kienruss oder Theer bestrichen und sie sodann den Insulten des Pöbels ausgesetzt, welcher dieselbe mit Strassen- und andern Koth bewarf. Angebunden im Sacke blieb sie in diesem Zustand am Sonntag während des ganzen Vormittagsgottesdienstes, dann aber als die Leute nach beendigtem Gottesdienste aus der Kirche kamen, wurde sie vom Sacke befreit, auf eine Bank gebunden, wo sie vom Henker gestäupt, d. h. auf den nackten Leib mit Ruthen gepeitscht wurde; war dies vorüber, so lud man sie oder mehrere, meist wurde die Procedur an mehreren ausgeführt, auf den Schubwagen und führte sie aus der Stadt bis zum nächsten Grenzstein. Dort angelangt, gab ihr der Henker noch einen letzten Fußtritt und der Pöbel sandte ihr noch einen Koth- oder Kieselsteinhagel nach."

Kurzum: Die leichten Mädchen hatten kein leichtes Leben. Auch Maria Theresias aufgeklärter Sohn Josef II. konnte sich nicht zur Einführung einer kontrollierten und somit geduldeten Prostitution etwa in Form geschlossener Häuser aufraffen, obwohl ihm dies – nach Berliner oder Pariser Vorbild – geraten wurde. Berühmt wurde sein Ausspruch: „Wollte ich Bordelle errichten, müßte ich ganz Wien mit einem Dach überdecken."

## „Salon de Vulcan" und „One Two Two"

Im übrigen Europa war man in dieser Hinsicht glücklicher. Kaiser Josefs Zeitgenosse König Georg III. von England unterhielt beispielsweise ein

*Geschäftskarte eines Pariser Bordells, um 1928*

eigenes Hofbordell. Das Hofbordell bestand aus einigen Häusern in der Nähe des St.-James-Palastes, auf einem Platz, der bezeichnenderweise „King's Place" hieß. Hier wurden gepflegte und gutgekleidete Mädchen gehalten, denen die königlichen Parks zum Promenieren offenstanden. Sie lebten unter strenger Aufsicht, fast klösterlich, und die hohen Eintrittspreise wirkten auf jeden abschreckend, der nicht zum engsten Kreis des Hofes gehörte. Das königliche Vorbild hatte einen ausgesprochen guten Einfluß auf die Londoner Liebeskultur. Allein 2000 Bordelle zählte die Hauptstadt des Empire an der Wende vom 18. zum 19. Jahrhundert.

*Visitenkarte eines Pariser Bordells, um 1928*

Mag Albions Langzeitherrscherin Queen Victoria zwar der Inbegriff der Prüderie gewesen sein, so war das bei ihren Untertanen keineswegs der Fall. Londons Lupanare und die begleitende Szene waren für ihre Spezialitäten berühmt. Neben dem schönen Brauch des Peitschens („Englische Erziehung"), von dem noch in einem anderen Kapitel ausführlich die Rede sein wird, war die „Deflorationsmanie" eine Marktlücke, die im England des 19. Jahrhunderts erfolgreich geschlossen wurde. Der deutsche Sexualforscher Eugen Dühren alias Iwan Bloch schrieb darüber in seinem Buch „Das Geschlechtsleben in England" (Berlin 1903):

„Es bestand im Jahre 1885 ein systematisch organisierter Handel mit Jungfrauen in London. Besonders verrufen war die ‚Firma' der Kupplerinnen X ... und Z ..., welche die Lieferung von Jungfrauen als Spezialität betrieb. Das Haus wurde im Jahr 1881 (fast unmittelbar nach ihrer eigenen Defloration) von Fräulein X ..., einer jungen, energischen, sehr geriebenen Person gegründet. Sie war damals 16 Jahre alt! Ein kleines schon verführtes Mädchen stellte sie einem Herrn vor und steckte die Hälfte des Preises ihrer Unschuld als Kommissionsgebühr ein. Die Leichtigkeit, mit der ihre Vermittlerin ein paar Pfund erworben hatte, war ihr wie eine Offenbarung, und unmittelbar nach ihrem eigenen Falle begann sie junge Mädchen zu suchen. Nach zwei Jahren hatte das Geschäft einen solchen Umfang angenommen, daß sie sich genötigt sah, Fräulein Z ..., ein etwas älteres Mädchen, als Arbeitsgenossin aufzunehmen. ‚Wir handeln mit Jungfräulichkeiten', sagte dieses würdige Mädchen, ‚aber nicht mit Jungfrauen. Meine Gesellschafterin holt die Mädchen, welche verführt werden sollen und bringt sie ihren Angehörigen nach erfolgter Verführung wieder zurück. Damit ist das Geschäft für uns zu Ende. Wir machen nur in ersten Verführungen, ein Mädchen geht nur einmal durch unsere Hände. Unsere Kunden verlangen Jungfrauen, nicht havarierte Artikel, und gewöhnlich sehen wir dieselben nur ein einziges Mal' ..."

Aber auch der Herr vom anderen Ufer kam im Inselreich nicht zu kurz. Charles Hammond führte ein Haus in der Tottenham Court Road in London, das er 1884 für eine homosexuelle Klientel einrichtete. Zu den Stammgästen soll auch Prinz Edward, ältester Sohn des damaligen Thronfolgers, gehört haben. Eine Besonderheit des Etablissements war der „Telegrammbote", der eine Doppelfunktion ausübte. Er stellte tatsächlich Telegramme zu, aber er schlief auch mit den Kunden.

Um die Mitte des 19. Jahrhunderts führte eine gewisse Mary Wilson – auch als Verfasserin und Verlegerin pornographischer Literatur sowie als Vordenkerin in Sachen erotischer Spezialitäten bekannt – in London ein „Etablissement für körperliche Züchtigungen". Sichtlich bestrebt zu expandieren, entwickelte sie in einem ihrer Werke den kühnen Plan eines Bordells für Damen:

„Ich habe ein großes Grundstück erworben, welches – zwischen Hauptverkehrsstraßen gelegen – durch Geschäfte zugänglich ist, die ausschließlich den Frauen vorbehaltene Artikel verkaufen. Auf dem Areal zwischen den beiden Häuserreihen habe ich einen eleganten Tempel errichten lassen, in dessen Mitte sich geräumige Salons befinden, ganz eingeschlossen von bequem und vornehm eingerichteten Boudoirs. In diesen Salons können die edelsten Männer ihrer Art, die ich auftreiben kann, beobachtet werden,

*Visitenkarte eines Bordells in Lyon: Englische Kundschaft stark vertreten, um 1928*

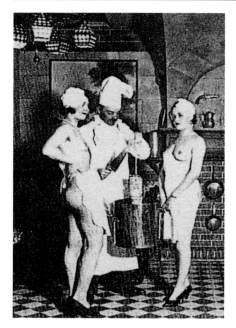

*Liebe geht durch den Magen: Bordell mit angeschlossenem Nobelrestaurant, spezielle Kellnerinnenkleidung, um 1930*

während sie den Tätigkeiten nachgehen, die ihren Neigungen entsprechen – alle in einem Zustand hochgradiger Erregung, der durch gutes Leben und Müßiggang hervorgerufen wurde.

Die Damen werden elegant gekleidete Jünglinge beim Kartenspiel oder beim Musizieren sehen, athletische Männer beim Ringkampf oder im Bade – vollkommen entkleidet – kurz, sie werden eine derartige Vielfalt des Männlichen erblicken, daß sie etwas ihren Neigungen Entsprechendes finden müssen. Hat sich eine Dame entschlossen, wen sie genießen möchte, muß sie nur der Dienerin läuten, sie zum Fenster rufen, ihr denselben zeigen, und er wird sofort zu ihr gebracht werden. Sie kann sich mit ihrem Partner im Dunklen vergnügen oder auch bei Licht, und sie kann, wenn sie will, eine Maske anbehalten. Sie kann eine Stunde verweilen oder die ganze Nacht, und sie kann einen Mann oder ein Dutzend Männer haben, ganz nach Lust und Laune, ohne von einem von ihnen erkannt zu werden. Eine Lady von siebzig oder achtzig Jahren hat so die Möglichkeit, einen edlen Jüngling von zwanzig zu genießen."

Um gleich bei Außergewöhnlichem zu bleiben und gleichzeitig ins käufliche Liebesleben von Paris – der Welthauptstadt der Bordelle – einzusteigen: Das berühmteste Bordell in Paris war gegen Ende des 18. Jahrhunderts das Freudenhaus der Madame Gourdan in der Rue des deux Portes mit verschiedenen Einrichtungen: mit dem „Serail", dem Empfangsraum für die Gäste, in dem immer zwölf Mädchen anwesend waren und Wünsche und Preise vereinbart wurden. Das „Piscine" war ein Badekabinett, in dem die Mädchen gebadet, ihre Haut jung gemacht wurde. Dort wurde auch mit „Eau de pucelle" bei den jungen Mädchen eine nicht mehr vorhandene Jungfernschaft vorgetäuscht. Das „Cabinet de Toilette" diente dazu, daß sich die Mädchen zwischendurch zurechtmachen. Zum „Sal de bal" gab es durch das Haus eines Kaufmanns in einer Nebenstraße einen geheimen Zugang zum Treffpunkt hochgestellter Herren und Damen vornehmer Herkunft. Im „Infirmerie" wurde versucht, impotenten Kunden durch obszöne Bücher, Bilder und Kupferstiche unter Zuhilfenahme von Dragées wieder Kraft zu verleihen. Das „Chambre de la question" war eine Einrichtung für Voyeure. Durch verborgene Luken konnte man dem Liebesspiel der Paare zusehen. Für Fesselungen und ähnliche Genüsse gab es den „Salon de Vulcan", der so gelegen war, daß die durch Weinen und Schreien verursachten Geräusche von Außenstehenden nicht gehört werden konnte.

Allerdings brach selbst in Paris eine Bordellkrise aus, wie Parent-Duchatelet in seiner 1903 auf deutsch erschienen Studie „Die Prostitution in Paris" berichtete: „Die Zahl der Bordelle schwindet von Jahr zu Jahr, zum großen Leidwesen der Behörden. Die bürgerliche Gesellschaft zieht Geheimprostitution und Rendezvoushäuser als diskreter vor."

Nach der kriegsbedingten Verlagerung der käuflichen Liebe in die Etappe brach mit den goldenen zwanziger Jahren auch das „goldene Zeitalter des Bordells" an. Eine intensive, aber kurze Blüte, denn nach knapp einem Vierteljahrhundert kam das Ende. Eine Folge der massenhaften Temporärbelegung durch die deutschen Besatzer – so paßte diese Institution nicht so recht ins Bild des Frankreich der Résistance.

Die inoffizielle französische Bordellordnung – eine Errungenschft der napoleonischen Epoche – beruhte auf der Vier-Säulen-Theorie: Familie – Kirche – Armee – und Puff. Den Sinngehalt erläutert der französische Sittenhistoriker Alphonse Boudard: „Keuschheit vor der Ehe und eheliche Treue mögen schöne Tugenden sein. Doch die Kirche weiß, daß das Fleisch schwach ist. Im Bordell kann sich ein verheirateter Mann außerhalb des Ehebettes vergnügen und seine ausgefallensten Phantasien befriedigen, ohne die vor dem Altar Gottes geschlossene Ehe in Gefahr zu bringen. Es reicht, wenn er ab und zu zur Beichte geht; seine großen Sünden werden ihm vergeben, und sein Beichtvater weiß über den von Zeit zu Zeit reuigen Sünder fast soviel wie die Puffmutter."

Eine dieser Anstalten zur „Entrostung städtischer Schwänze" (Boudard) war das „One Two Two" – die Namensgebung bildet einen Hinweis auf die zahlreichen britischen Sextouristen der Zwischenkriegszeit, aber auch auf die Adresse in der Pariser Rue de Provence 122. Alphonse Boudard über die Philosophie des Hauses: „Symbol einer vergangenen Epoche, einer für immer verschwundenen Zivilisation. Prostitution in roten Sesseln. Alte Träume des antiken Griechenland und Skizzen von Toulouse-Lautrec. Ein Ort der Freiheit, des Luxus und der Bequemlichkeit. Die Erde schien noch jung zu sein. Die Liebe ein Spiel. Und das Vergnügen eine Partie in diesem Spiel. Man trug beim Besuch des Puffs selbstverständlich einen dreiteiligen Anzug, einen breitkrempigen Hut und Gamaschen.
Nachmittags die genehmigte Entspannung, ohne alle Umstände. Niemand sah darin etwas Böses."
Eine Insassin erinnert sich: „Im Salon werden die Vorzüge der Frauen wirklich ins beste Licht gerückt. Überall Säulen! Und Sockel, auf die wir steigen. Was meinst du, wie dann die Kleider wirken! Wir sind mindestens fünfzig bis sechzig Frauen ..."
Inhaber dieses Luxusetablissements war ein gewisser Marcel Jamet, genannt „Fraisette" – nach einem um 1900 beliebten Cocktail aus Erdbeersirup und Vichy –, und er füllte mit dem „122" eine Marktlücke: Nobelpuff mit angeschlossenem Restaurant – „Bœuf à la ficelle" (Rindfleisch am Faden). Ein Vier Stern-Restaurant mit Kristallgläsern, Tafelsilber, feinem Porzellan und Kellnerinnen in ausgefallenen Kostümen – genauer gesagt, waren sie fast ganz nackt.

*Pariser Bordellspezialitäten I: Vögeln mit Kleopatra*

*Pariser Bordellspezialitäten II: Orientexpreß inklusive Fahrgeräuschen und dahinfliegender Landschaft*

Liebesgaben im Hurentempel

Hinsichtlich der Vergnügungsmöglichkeiten war das Angebot im „One Two Two" nahezu unerschöpflich: Wichsen in Venedig (einschließlich Gondel), das Kribbeln des Eisbärfells in einem nachgebauten Iglu, Schlafwagenromantik à la Orientexpreß (einschließlich Zugsgeräuschen und dahinfliegender Landschaft), Transatlantikzimmer mit Bullauge und Rettungsringen, eine Liebesnacht mit Kleopatra oder auf den Loire-Schlössern, eine Landpartie mit Jungbäuerin, frischen Eiern und Vögelgezwitscher. Und natürlich auch Folterkammern mit Halseisen, Kreuz mit Lederschlaufen und Peitschen.

Eduard VII. – dem wir in dieser Schrift öfters begegnen –, ranghöchster britischer Sextourist in Paris und wie sein Vorfahre Freund der „Maison closes", bevorzugte (damals noch als Prince of Wales) das „Chabanais". Die dort befindliche Badewanne mit Frauenkopf im viktorianischen Stil – Attraktion bei Führungen durch das Etablissement – ließ er mit Champagner auffüllen, damit seine bevorzugten Huren ein Bad nehmen konnten. Anschließend trank er mit einigen Freunden den Inhalt.

Es lohnt, einen kurzen Blick auf die Extravaganzen der Kunden der erwähnten oder vergleichbarer Häuser im Paris der zwanziger Jahre zu werfen. Fabienne Jamet vom „122" berichtet etwa über einen ihrer Freier: „Häufig

*Eduard VII., ranghöchster britischer Sextourist in Frankreich, Karikatur von Eduard Thöny für den „Simplicissimus", 1900*

habe ich mich als Erstkommunikantin oder als Schülerin verkleidet und mußte dann dem Kunden gehorchen."

Auch an einen nekrophilen Finanzmanager aus der Provinz erinnert sich Fabienne: „Der Bankier machte es sich in einem prächtigen, mit dunkelrotem Samt ausgeschlagenen und von Kerzen und Blumen umgebenen Sarg bequem. Ein von ihm bestelltes und bezahltes Orchester (auch der Sarg ging auf seine Rechnung) spielte religiöse Lieder, während er in seinem Sarg, von sechs splitternackten Frauen umgeben, Champagner schlürfte. Nachdem er eine halbe Stunde so vor sich hin geträumt hatte, wählte er eine der Damen und trieb es mit ihr in der ‚Leichenhalle'."

Derart präzise Schilderungen waren nicht die Regel, häufig machten sich die Mädchen über Stammkunden nur stichwortartige Notizen in Kombination mit der Tarifgestaltung: „Peitsche: 25 Francs, Brustwarzenkneifer: 20 Francs, freundlich und schweigsam: 20 Francs, Alter, der viel Zeit braucht: 35 Francs, taubstumm: 20 Francs, Schwein mit Nadeln: 35 Francs."

Zweifellos: Frankreich war die Heimat des gehobenen Bordells, trotzdem wundert es nicht, daß eine Sächsin und eine Deutsch-Ungarin in dieser Hinsicht in Rußland im späten 18. Jahrhundert Entwicklungshilfe leisteten, ließ doch Zar Peter der Große seine westlich angehauchte Neo-Hauptstadt St. Petersburg hauptsächlich von deutschen Baumeistern und Handwerkern errichten. Für Historiker betrüblich ist die Tatsache, daß die erwähnte Sächsin bloß als „Dresdenska" in die Annalen der europäisch-erotischen Geschichte eingegangen ist. Die „Dresdenska" betrat an der Newa ein schwieriges Terrain, ermöglichte doch das System der Leibeigenschaft auch auf horizontaler Ebene schrankenlose Triebbefriedigung zum Nulltarif. Daher operierte die geschäftstüchtige Sächsin mit Ihrem „Maison de rendezvous" im gehobenen Segment. Das Haus stand beiden Geschlechtern offen, es kamen Herren, es kamen Paare, es kamen schließlich auch Damen, und zusätzlich gab es eine kleine Verfügungstruppe dienstbereiter Mädchen.

Zarin Elisabeth I. – offenbar ebenso sittenstreng wie ihre Fast-Zeitgenossin Maria Theresia – war über das Treiben in jenem Haus, in dem die feine Hofgesellschaft verkehrte, so entsetzt, daß die Dresdenska ausgewiesen wurde. Quasi zur Wiederherstellung ordentlicher Verhältnisse wurde die gesamte Belegschaft des Nobelpuffs – einschließlich des nicht erotisch tätigen Hilfspersonals – kollektiv in den Adelsstand erhoben.

Von einer Kollegin der Dresdenska ist nur der Nachname bekannt: Riedel. Sie stammte vermutlich aus Preßburg oder Ödenburg und spezialisierte sich unter Zarin Katharina II. auf Diplomaten, wobei sie im legendären Petersburger Drei-Sprachen-Bordell bereits starke Konkurrenz hatte: Das Parterre war von Russinnen belegt, der erste Stock von Französinnen, und der zweite beherbergte deutsche Freudenmädchen.

Europäische Bordellkultur wurde auch über den großen Teich exportiert. Eine anschauliche Schilderung aus der Welt der Freudenhäuser von St. Louis und New Orleans um 1900 verdanken wir der sehr mitteilsamen deutschstämmigen Puffmutter Nell Kimball. Ihre Aufzeichnungen, 1932 beendet, übergab sie dem amerikanischen Publizisten Stephen Longstreet zur literarischen Brillantierung, so wurden sie einem breiteren Leserkreis zugänglich.

Das Lebensmotto der Tochter eines bigotten Farmers: „Jede Frau sitzt auf einem Bankkonto, sie muß es nur wissen." Die beengten Wohnverhältnisse ihrer Kindheit führten zu einem anschaulichen Aufklärungsunterricht. Nell Kimball im O-Ton: „Beinnahe jede Nacht bumste mein Vater meine verstörte Mutter auf einer Maisstrohmatratze, brüllte und grunzte, wenn es ihm kam. Er bumste in einem fort und kannte kein Ende damit. ‚Zeugen' nannte er es. Auf diese Weise hing jedes Jahr ein neues Baby an den Titten meiner Mutter, während sie mit der freien Hand in den Töpfen rührte, sich das Haar aus der Stirn strich und versuchte, Ordnung unter uns Kindern zu halten."

*Mademoiselle Lavallière, prominente Klassefrau und Bühnenkünstlerin, später Nonne, um 1910*

Den Rest besorgte die im Haushalt lebende „Tante Letty", steinalt und verbraucht, aber einst eine Jüngerin der käuflichen Liebe.

Die erste Station in Nells Hurenleben war das Etablissement des deutsch-amerikanischen Ehepaars Siegmund „Zig" und Emma Flegel in St. Louis. Farbenprächtig schildert die nachmalige Paradeunternehmerin die Mitschwestern aus ihrer Lehrlingszeit: „Als ich ins Haus kam, gab es dort fünf Mädchen, aber ich erinnere mich nur an zwei von ihnen. Die eine hieß Frenchy. Sie war eine Italienerin, scharfzüngig und geschwätzig, temperamentvoll, mit Haar so schwarz wie Teer und einer dunklen, rosinenbraunen Haut, die immer gut roch und sehr warm war. Sie hatte große Titten, eine schmale Taille und die beweglichsten Hüften, die ich jemals gesehen habe. Sie konnte sie in alle Richtungen drehen. Frenchy zeigte gesunde Zähne zwischen vollen Lippen und lachte, sang und fluchte ständig. Sie sprach ziemlich ordinär, kannte aber sehr lange Wörter und las Bücher, die sie zum Weinen brachten. Sie haßte jede Art von Obrigkeit, Könige, Päpste, politische Führer. Frenchy war für Sonderwünsche da, die sie ‚outré' nannte. Sie

*Das ist die Liebe der Matrosen –*
*Eros an Europas Küsten,*
*Holzstich von René Lelon, 1903*

konnte mit ihrer Fotze Münzen aufnehmen, die Gäste auf eine Tischdecke gelegt hatten.

Belle war eine große, träge Blondine. Ihr Haar war fast weiß und kringelte sich um ihre Ohren und im Nacken. Sie war schön, groß, mit schweren Knochen und einem leicht unsteten Blick in ihren grünen Augen. Sie bewegte sich langsam und hatte ein sanfte Stimme. Doch wenn sie sich mit Bourbon aufgetankt hatte, war sie ein richtiger Teufel. Sie hatte mehrmals den Salon zertrümmert und versucht, das Haus anzuzünden. Die Flegels behielten sie trotzdem, weil sie eine sehr gute Hure war und außerdem der Liebling einiger Stadtbeamten und zweier sehr reicher Fabrikanten."

Die Ausstattung des Flegelschen Puffs war natürlich nicht so phantasievoll wie im fernen Paris, eher schwenkte ein Hauch deutscher Gemütlichkeit über dem Lusthaus von St. Louis. Nell erinnert sich:

„Das Empfangszimmer war ein blaßrosa Salon mit einer Menge von Bildern in schweren Goldrahmen, mit Jagdszenen und schneebedeckten Bergen. Es gab auch Bilder mit nackten Mädchen, die vor Türken und Arabern tanzten. Auf Sockeln standen Marmorstatuen von nackten Mädchen, die Bäume umarmten und an Blumen rochen. Von der Decke hingen Öllampen mit roten und grünen Glasschirmen, die mit Blumen bemalt waren oder mit Mädchen, die durch Buschwerk liefen und von zotteligen Männern mit kleinen Hörnern und Ziegenbeinen und großen, steifen Pimmeln verfolgt wurden."

*Preiswerter Sex im Freien, Illustration aus einem Eroticon, um 1900*

Das Parademädchen der Flegels wußte, worum es ging: „Sex bedeutet für jene Gäste, die wirklich was davon verstanden, soviel wie ein entspannendes Bad, eine Massage, ein Lied, ein halbstündiges Gelächter und ein Fick mit einem wohlriechenden Mädchen. Und in jener Zeit ließen schon die unrasierten Achselhöhlen die Wunder anderer Stellen ahnen."

Ihren Einstand als selbständige Madame feierte Nell Kimball – ganz PR-Spezialistin – mit einem fulminantem Mahl samt Nachspeisen: „Ich knabberte etwas Toast mit Gänseleberpastete, die mit einem ordentlichen Schuß Brandy versetzt war, und lächelte die Mitglieder der Tischrunde an, während die Hausmädchen abservierten und Zigarren sowie die Karaffen mit Brandy brachten. Ich sah die geschliffenen Kristallgläser, und da wußte ich, daß ich wirklich eine Madame geworden war. Die Mädchen saßen auf den Knien ihrer Herren, schwer hing der Zigarrenrauch in der Luft und mischte sich mit dem Duft der genossenen Speisen. Jedes der Mädchen machte diese Nacht drei Touren. Es waren eine Reihe wichtiger Leute da, und ich hatte nur vier Huren. Selbst hinaufzugehen lehnte ich ab. Ich stellte ein für allemal klar, daß ich nur als Madame angesehen werden wollte. Natürlich mußte keiner der Gäste bezahlen. Das Essen, die Mädchen, der Fick, alles ging auf Kosten des Hauses. Heute würde man alle diese Kosten als Spesen verrechnen. Die Gäste würden meinem Haus einen Haufen von regelmäßigen Kunden zuführen. Wenn ein berühmter Schauspieler oder ein Anhänger des Pferdesports, ein Bergwerksbesitzer aus dem Westen oder ein Berufsspieler in die Stadt kam, würde man ihm mein Bordell empfehlen."

## Der Strich – arme Schwester des Bordells

Wengleich der Dienst im Bordell sicher kein Honiglecken war – der Vergleich mit strengem Internat oder klösterlicher Isolation ist nicht von der Hand zu weisen –, so waren doch die kasernierten Liebesdienerinnen gegenüber den Freimädchen auf der Straße privilegiert und etwa auch nicht den Launen der Zuhälter ausgesetzt. Synomym für die Straßenmädchen wurde der „Strich", ein Terminus wienerischen Ursprungs, der von einem behördlich gezogenen Kreidestrich herrührt, innerhalb dessen sich die Mädchen in einem bestimmten Rayon feilbieten durften. Nach anderen Quellen ist dieser Begriff der Jägersprache entnommen, die als „Strich" die gewohnten Wege des Wildes bezeichnet.

Die Straßenprostitution ist gewissermaßen die Kehrseite der vorgetäuschten Plüschromantik der Bordelle und fast durchwegs ein soziales Problem. Die sozialdemokratische Berliner Zeitschrift „Vorwärts" schrieb dazu 1914: „Die Zahl der Prostituierten ist ungeheuer groß. Eingeschriebene Prostituierte gibt es in Berlin gegen 20.000. Es sind aber dort mehrere Hunderttausend, die außer diesen ihr trauriges Gewerbe ausüben ... Leider ist bei uns der Grund zur Prostitution schon häufig in der allerfrühesten Kindheit zu suchen. Nicht umsonst stammt ein so großer Prozentsatz der Prostituierten aus dem Proletariat ... Da ist vor allen das Wohnungselend des Proletariats. In Berlin leben über 600.000 Menschen in einem Wohnraum, den sie mit mehr als sechs Personen teilen müssen ... In dem einen Raum wohnen die Menschen nicht nur zusammen. Ist es ein Wunder, wenn die Kinder des Proletariats frühreif und aufgeklärt werden? Wie oft kommt es vor, daß da kleine Mädchen vergewaltigt und aus den elenden Wohnungen direkt in die Prostitution getrieben werden ... Zu dem Wohnungselend kommt weiter der Hunger. Wie so viele arme Proletarierkinder als höchsten Wunsch angeben, einmal in einem Bett allein schlafen zu dürfen, so ist für andere das Ziel ihrer Sehnsucht, sich nur einmal sattessen zu dürfen. Wie manches arme Mädchen läßt sie sich durch diese Lockung verführen, und dann trifft so leicht die alte Wahrheit aus dem Faust ein: ‚Du fingst mit einem heimlich an, bald kommen ihrer mehre dran, und wenn dich erst ein Dutzend hat, so hat dich auch die ganze Stadt.'"

Gegen Ende der zwanziger Jahre des abgelaufenen Jahrhunderts – so berichtet ein statistisch interessierter Kommunalmediziner – geschahen in Berlin täglich mindestens 25.000 Geschlechtsakte gegen Bezahlung, macht aufs Jahr gerechnet mehr als neun Millionen. Experten schätzen die Zahlen allerdings dreimal so hoch. Die überwiegende Anzahl ist wohl der Straßenprostitution zuzurechnen.

*Straßenstrich im Rüschenkleid: Eine Berliner Prostituierte wird um 1880 in eine Grüne Minna verfrachtet*

Daß es in dieser Disziplin hygienisch nicht zum Besten bestellt war, liegt auf der Hand. Ein Berliner Amtsarzt überlieferte ein Gespräch mit einer Patientin um 1925:

„Wieviel Kunden hatten Sie gestern?"
„Dreizehn."
„Sie haben mir selbst erzählt, daß Sie gewöhnlich das Absteigequartier X. X. aufsuchen. Ist Ihnen dort Gelegenheit geboten, ungesehen vom Gast irgend etwas für sich zu tun?"
„Ein Waschbecken steht zur Verfügung, und jedesmal, wenn ich komme, erhalte ich von der Wirtin eine halbe Sublimat-Tablette und einen Eßlöffel Tibo."
„Aber so ohne weiteres können Sie doch Tibo gar nicht benutzen."
„Ich schütte es mit ins Waschwasser."
„Was waschen Sie denn?"
„Die Hände."
„Und weiter?"
„Zu was anderem habe ich gar keine Zeit, denn der Freier will wieder gehen. Und da ich den Schlüssel habe, muß ich ihn natürlich begleiten."
„Während der Zeit, in der Sie dreizehn Gäste abfertigten, haben Sie also auch nicht ein einziges Mal andere Körperteile als eben nur ihre Hände gewaschen?"
„Nein."

Das Strichmädchen gilt zwar als „Freudenmädchen", aber die Freuden sind nicht die ihren. Albert Londres spricht in seinem Buch „Die Geheimnisse des Mädchenhandels" über solche Laufbahnen:

„Sie beginnen meist damit, sich selbst zu verkaufen. Schlechte Geschäftsfrauen! Sie verkaufen alles zum gleichen Preis, die beste und die schlechteste Qualität ... Das ist die Zeit, in der die kleine Anfängerin in dem Kleidchen, das sie vor einem Monat trug, als sie noch Arbeiterin und Ladenfräulein war, mit Tränen in den Augen fragt: ‚Warum nennen die Männer das »sich amüsieren«? Du amüsierst dich also?' fragen mich all diese Idioten ..."

Unter solchen Umständen kommt es relativ selten vor, daß sich eine Straßenprostituierte in ihrer Freizeit literarisch betätigt. Bekannt ist der Fall eines Berliner „Kontrollmädchens" (also mit „Deckel", der amtlichen Prostitutionsbescheinigung), das Mitte der zwanziger Jahre 27jährig an Lungentuberkulose verstarb. Tochter eines Fabriksarbeiters, erlernte sie in wenigen Monaten Klavierspielen, betrieb Sprachstudien und konnte sich durchaus flüssig in Französisch, Englisch und Russisch unterhalten und verstand es auch, in eigenem Stil Portraits zu malen. Durch Zufälle, die die Not mit sich bringt, gelangte sie auf die sogenannte „schiefe Bahn", allerdings mit dem Bestreben, aus dem Milieu so rasch wie möglich wieder auszusteigen. Dazu diente ihre literarische Betätigung – ihre Prosa und Lyrik wurde auch in Zeitungen veröffentlicht –, allesamt gwissermaßen ein Freischreiben. Prostituiertenpoesie pur, wie etwa das Gedicht „Einer":

„Schrei in der Nacht!
Darf Seele haben eine wie ich?
Lachen wollt ihr, sei's auch gemacht,
Lustvoll sein, lachend. Lachend in der Nacht!
Du Mann!
Was bin ich Dir?
Tier!
Mich durchpulsen auch Ströme von Blut!
Ich bin auch einem Menschen gut.
Manchmal lausch' ich,
Ob er den Weg zu mir findet ...
Zuviele der Menschen auf Gassen sind.
Einer! Findest du zu mir her?

*Das Mädchen und der Freier: Freude meist nur einseitig, französische Postkarte, um 1890*

*Französischer Bordellführer, 1935*

„Liebst mich nicht mehr?
Weißt wohl gar keinen Deut mehr von mir?
Soll es so sein. Ich häng' doch an dir!
Was keiner vermocht, ist dir so leicht.
Hast früher mir deine Lippen gereicht,
Ich habe dir meine Hände gegeben,
Damals – damals war Leben!
Mein Schrei'n in der Nacht
Erreicht dich nicht.
Zwei Lichter brennen in meiner Kammer,
Als hättest du's so gemacht
Wie früher. Licht am Licht ...
Ich weine im Jammer ...
Und Männer fordern: sei lustig, du!
Meine Augen schließ' ich darüber zu.
Bin stille.
Über weißen Kissenrand
Zittern Gedanken
Einem zu.
War so vieler Männer Willen,
Haben mich alle nicht gekannt.
Einer! Komm! Wo bist du?
Schrei in der Nacht!
Du hättest alles aus mir gemacht,
Einer!
Träume und fernes Land.
Und Wünsche, niemals zu stillen ...
So geht aller Pulse Schlag Tag um Tag.
Bleibt soviel Liebe in mir begraben,
Einer. Du wolltest sie nicht haben ..."

## Blaue Bücher, rosa Führer

In Hamburg rief knapp nach dem Ersten Weltkrieg eine ebenfalls als Lyrikerin hochbegabte Prostituierte eine Zeitschrift ins Leben, die für eine „Gewerkschaft der Freudenmädchen" eintrat. Infolge Interesselosigkeit der Zielgruppe, für die sie gedacht war, ging das Periodikum bald wieder ein.

Am anderen Ende des publizistischen Spektrums aus dem Milieu stand das Skandalblatt „Berliner Fünfuhrtee", das sich freimütig als „Organ des Zuhältertums" definierte.

Beide Gattungen haben in der angewandten erotischen Weltliteratur ihre Vorläufer und Parallelen: Botschaften von Huren für Huren, Handbücher für den potentiellen Freier, erotische Stadtführer, Wegweiser durch Bordelle – keineswegs Errungenschaften der neueren Zeit.

Joseph Richter, Verfasser etlicher Viennensia, gab 1786 das „Taschenbuch für Grabennymphen auf das Jahr 1787" heraus (der Graben ist ein Straßenzug der Wiener Innenstadt und war zu dieser Zeit bevorzugter Tummelplatz der Freudenmädchen), eingeteilt in zwölf Monate und den Grad an „Schußmäßigkeit." Ursprünglich als nützlicher Behelf eben für Nymphen gedacht, fand es auch bei den Kunden regen Zuspruch. Hier ein Beispiel für den Monat November:

„Wenn der vergangene Monat euch fatal war, so ist der gegenwärtige für euch um so günstiger. Es giebt nun einen Jahrmarkt, der viele Fremde und vorzüglich Kaufleute herbeyzieht. Letztere kommen aber meistens nur deshalb nach Wien, um auf ein paar Wochen von ihren mürrischen Weibern Ruhe zu haben. Ihr dürfet euch von diesen also ein gutes Leggeld versprechen, und ja nicht fürchten, daß sie euch die Schutzkreuzer abziehen. Auch von den Marktjuden könnet ihr Vortheile ziehen. Seit sie toleriret werden, fangen sie an, ebenfalls sehr tolerant zu denken, und wenn ihnen gleich das Schweinfleisch verboten ist, so tragen sie doch kein Bedenken, vom Grabennymphenfleisch zu versuchen ..."

Der bereits zitierte Frankfurter Hautarzt Johannes Christian Ehrmann legte in seinem um die Wende vom 18. zum 19. Jahrhundert herausgebrachten Erosführer den Schwerpunkt auf die Vorzüge der Damen, womit er dem Benützer die Wahl deutlich erleichterte. Ehrmann – übrigens Begründer des ersten Frankfurter Spitals für Geschlechtskrankheiten – war nicht bloß Theoretiker, sondern er wußte, wovon er sprach:

„Das Mädchen mochte ungefähr achtzehn Jahre haben, war schön, ihre Brüste, die bei ihrem Hinlegen aufs Bette wie frische Butterwecke aus dem losgemachten Halstuche emporstiegen – der von ihr selbst in die Höhe gehobene Rock, wo ich nun volle, runde Schenkel, und eine recht appetitliche Liebesgrotte antraf; oh Freund! Alles das, und was ich empfand, da ich ihr die volle Ladung gab, läßt sich nicht beschreiben, nur empfinden. Lange war mir's nicht so wohl als hier, da ich in ihrer Mitte war, welche sie so schön zusammenzupressen wußte. Sie lag der Länge nach ausgestreckt, ihre beiden Arme über ihren Kopf und wiederholte so lebhaft jede Bewegung, daß der Reiz doppelt empfindbar für mich war. Mein langes Fasten habe ich bei ihr doppelt wieder ersetzt, sie bekam alles auf der Reise gesparte, aber mein Amor wollte sich doch noch nicht bequemen, diese so sanfte, zarte Höhle zu verlassen; ich mußte also ihm folgen und das Spiel noch ein paarmal wiederholen."

Auch in London wurde etwa zur selben Zeit einschlägige Literatur herausgebracht. Die „List of Ladies" enthielt Namen, Adressen und Vorzüge der berüchtigsten Straßennymphen. Die Auflage von über 10.000 Exemplaren war meist innerhalb weniger Tage vergriffen.

M. J. Poggiale führte diese Tradition in Frankreich weiter. 1892 gab er erstmals ein 84 Seiten starkes, blau eingebundenes „Jahrbuch der Bordelle" heraus. Es kostete 5,50 Francs und enthielt nützliche Informationen nicht nur über Frankreich, sondern auch über die Kolonien sowie die Adressen der „Maisons de société" der größeren Städte Belgiens, Hollands, Spaniens und der Schweiz.

Die geniale Idee wurde bald auch von anderen übernommen. Unbedeutende Konkurrenzunternehmen konnten sich jedoch nicht durchsetzen, erst der 1922 von der französischen Handelskammer geförderte „Guide Rose" machte Poggiale die Marktführerschaft streitig. Auf dem Umschlag war ein von Rosen umgebener Eros dargestellt, der einen Vorhang beiseite schiebt. Jedes Jahr wurde der „Guide Rose" an die rund tausend offiziell registrierten Puffmütter Frankreichs in neutraler Verpackung geschickt: „Madame, wir erlauben uns, Ihnen mit den besten Wünschen für Ihr Haus ein Exemplar unseres neuen Guide Rose zu übermitteln."

Eine lose Vereinigung französischer Puffmütter gab den „Guide secret" heraus. Dieser war für den Kunden bestimmt und rückte die Vorzüge der Freudenhäuser ins rechte Licht: „In unseren Häusern werden die Frauen den Kunden in ihrer einfachsten Aufmachung präsentiert. So kann sich der Kunde mit eigenen Augen von der Qualität der Ware überzeugen."

Auch New Orleans hatte sein „Blue Book". Dort gaben die Mesdames Inserate auf, die eine ganz gute Vorstellung vom Stil vermitteln, in dem sie ihre Häuser führten:

„Mme. Emma Johnson, bekannter als die ‚Pariser Königin von Amerika', muß in diesem Land nicht erst vorgestellt werden. Emmas ‚Haus der Nationen', wie es allgemein genannt wird, ist ein Ort des Vergnügens, den zu versäumen man sich einfach nicht leisten kann.

Alles trifft sich dort. Das Kennwort: Vegnügen. Das Geschäft floriert derart, daß Mme. Johnson einen Anbau errichten lassen mußte.

*Hampelmann I:*
*Beine hoch – Schwanz raus*

*Hampelmann II: Kopf hoch – Geld her*

Bei Emma findet man nie weniger als zwanzig hübsche Mädchen aller Nationen, die Sie auf charmante Art und Weise zu unterhalten verstehen. Ein Name, den Sie nicht vergessen dürfen: Johnson.
Aqui si habla Espanola. Ici on parle francais."
Apropos Werbung: 1925 kreierte Madame Charlotte eine fiktive Eisenbahnfahrkarte für ihr Haus in Meaux: „Hin- und Rückfahrt aller Klassen in den Himmel."

## Die Hure als Muse

Von der Gebrauchsliteratur in Sachen Eros ist es nur ein kleiner Schritt zur Hochkultur. Unter den neuen Sujets, die die wirklichkeitshungrigen Künstler um 1900 bevorzugten, stand die Prostitution an erster Stelle. „Niemand wundert sich, daß es Tiermaler und Tierbildhauer gibt", schreibt der deutsche Sachbuchautor Lujo Bassermann in seinem Standardwerk „Das älteste Gewerbe", 1965 erstmals erschienen, „aber das Constantin Guys sich in seinem neunzigjährigen Leben der Sittenschilderung verschrieb und Tausende von Freudenmädchen mit dem Zeichenstift festhielt, das verzieh ihm nur eine kleine Gruppe von Freunden."
Vincent van Gogh lebte nicht nur jahrelang mit einer flämischen Dirne, die er wiederholt malte, sondern nahm später noch Zuflucht im Bordell bis zu jenem Tag im Jahr 1888, da er sein abgeschnittenes Ohr wohlverpackt einem Mädchen aus dem kleinen Freudenhaus von Arles überreichte, das zu besuchen es ihm so oft an Geld gefehlt hatte.
Ein ebenso berühmter Kollege, Henri Marie Raymond de Toulouse-Lautrec, nach zwei Reitunfällen schon als Knabe verkrüppelt, näherte sich in seinem Werk nicht nur bald der Prostitution an, wurde ihr genialer Illustrator, sondern lebte auch im Bordell.
Puff und Kunst: Nicht umsonst nennt Alphonse Boudard etwa das ausführlich geschilderte Pariser „One Two Two" „die Comédie-Française des Beischlafs".
Auch die Großen der Sprache haben im 19. und beginnenden 20. Jahrhundert den Schönen der Nacht ein Denkmal gesetzt. 1890 etwa Paul Verlaine mit dem Gedicht „Eröffnung" aus dem Zyklus „Femmes":

„Ich will mich in eure Täler der Lust versenken,
ihr Huren, die ihr des wahren Gottes wahrhaft Dienende seid,
reif in Schönheit oder erst blühend, Neulinge oder Erfahrene,
hinbringend an euren Lustplätzen meines Lebens Zeit.

Eure Füße sind wundersam, hingehend nur zum Geliebten
und zurückkehrend mit ihm auf alltäglichen Wegen,
ruhend nur zwischen den Laken, wenn sie sich kosend
in der Umarmung an die des ermatteten Freundes legen.

Gepreßt, beschnuppert, geküßt, beleckt von den Sohlen
bis zu den Zehen in ihrer köstlichen Süße,
bis zu den Knöcheln und den Schnüren der Adern,
ihr Füße, schöner als der Apostel und Helden Füße.

Ich liebe euren Mund und seine anmutigen Spiele,
die der Zunge und der Lippen und die der Zähne,
die unsere Zunge benagen und zuweilen noch Reizenderes tun,
eine Liebkosung, köstlicher als das Fließen der weißen Träne.

Eure Brüste, Doppelberg der Hoffart und der Unzucht,
zwischen denen oft meine männliche Wonne sich reckt,
um sich den wirren, wüsten Kopf daran zu reiben,
wie der Eber, in den Tälern der Pampas und des Pindus versteckt ..."

Gustave Flaubert sieht in seiner „Marie oder Die jungfräuliche Dirne" die Sache schon etwas realistischer:
„Ja, ich, die ich früher in Erdbeeren und Milch gebadet habe, bin hierher gekommen, mich auf dieses elende Lager zu strecken, über das die Menge hinweggeht. Anstatt die Geliebte eines einzigen zu sein, habe ich mich zur Dienerin aller gemacht, und welchen rauhen Herrn habe ich da bekommen! Kein Feuer mehr im Winter, keinen guten Wein zu meinen Mahlzeiten; seit einem Jahr trage ich dasselbe Kleid. Was tut's? Ist es nicht mein Handwerk, nackt zu sein?"
Noch drastischer sein Jahrgangskollege (*1821), Charles Baudelaire in „Das Spiel" aus „Les fleurs du mal" (1857):

„Alte Kurtisanen auf zerschliß'nen Sitzen,
Bleich, mit gemalter Braue und Augen, die betören,
Sie zieren sich, und an den mageren Ohren blitzen
Metall und Edelsteine; Klirren ist zu hören;

Gesichter ohne Lippen und Kiefer ohne Zahn,
Farblose Lippen sich um grüne Tische scharen,
Das Höllenfieber spannt verkrampft die Finger an,
Die in die leeren Taschen und an Busen fahren, ..."

Dem Österreicher Siegmund Salzmann, besser bekannt als Felix Salten und Verfasser des Kinderbuch-Bestsellers „Bambi", wird die Autorenschaft an der nicht minder populären Erzählung „Josefine Mutzenbacher – Die Geschichte einer wienerischen Dirne" zugeschrieben. Das Arbeiterkind Josefine erinnert sich an praktischen Aufklärungsunterricht, wobei ihr Freundin Anna schon im zarten Alter eine vergleichsweise erfahrene Lehrmeisterin war:
„Unter Annas Berührung richtete sich sein ‚Zipferl' ganz steif in die Höhe. ‚Jetzt komm', hörte ich Anna leise flüstern. Ich sah, wie sie sich auf den Boden warf, ihre Röcke hob und die Beine spreizte. In diesem Moment ergriff mich Ferdl. ‚Leg dich nieder', zischelte er mir zu, und dabei spürte ich auch schon seine Hand zwischen meinen Beinen. Ganz willig legte ich mich auf den Boden, hatte meine Röcke aufgeschlagen, und Ferdl rieb sein steifes Glied an meiner Fut. Ich mußte lachen, denn sein Schwanz kitzelte mich nicht wenig, weil er mir auch auf dem Bauch und sonst überall herumfuhr ..."
Militärische Vergleiche zog der Chronist der k. u. k. Donaumonarchie Stefan Zweig in seiner „Welt von Gestern" unter dem Titel „Eros Matutinus":
„Diese ungeheure Armee der Prostitution war – ebenso wie die wirkliche Armee in einzelne Heeresteile, Kavallerie, Artillerie, Infanterie, Festungsartillerie – in einzelne Gattungen aufgeteilt. Der Festungsartillerie entsprach in der Prostitution am ehesten jene Gruppe, die bestimmte Straßen der Stadt als ihr Quartier völlig besetzt hielt. Es waren meist jene Gegenden, wo früher im Mittelalter der Galgen gestanden hatte oder ein Leprosenspital oder ein Kirchhof, wo die Freimänner, die Henker und die anderen sozial geächteten Unterschlupf gefunden, Gegenden also, welche die Bürgerschaft schon seit Jahrhunderten als Wohnsitz lieber mied. Dort wurden von den Behörden einige Gassen als Liebesmarkt freigegeben; Tür an Tür saßen wie im Yoshiwara Japans oder am Fischmarkt in Cairo noch im zwanzigsten Jahrhundert zweihundert oder fünfhundert Frauen, eine neben der anderen, an den Fenstern ihrer ebenerdigen Wohnungen zur Schau, billige Ware, die in zwei Schichten, Tagschicht und Nachtschicht, arbeiteten.
Der Kavallerie oder Infanterie entsprach die ambulante Prostitution, die zahllosen käuflichen Mädchen, die sich Kunden auf der Straße suchten. In Wien wurden sie allgemein ‚Strichmädchen' genannt, weil ihnen von der Polizei mit einem unsichtbaren Strich das Trottoir abgegrenzt war, das sie für ihre Werbezwecke benutzen durften; bei Tag und Nacht bis tief ins Mor-

*Eindeutige Musenanbeter, Illustration, um 1890*

gengrauen schleppten sie eine mühsam erkaufte falsche Eleganz auch bei Eis und Regen über die Straßen, immer wieder für jeden Vorübergehenden das schon müde gewordene, schlecht geschminkte Gesicht zu einem verlockenden Lächeln zwingend ..."

Zweig beschreibt in diesen bereits im Exil 1942 verfaßten Erinnerungen die Zeit vor dem Ersten Weltkrieg. Die Bordelle wurden in Österreich und Deutschland infolge der abolutionistischen Gesetzgebung – inspiriert durch die englische Frauenrechtlerin Josephine Butler – geschlossen (was natürlich der Straßenprostitution Tür und Tor öffnete). Zweigs österreichischer Landsmann und Zeitgenosse Franz Werfel schrieb in seiner Novelle „Das Trauerhaus" einen Nachruf auf ein fiktives Bordell in einer fiktiven Wiener Gasse:

„Das Haus steht noch. Aber der Lederhandel der Umgebung hat es erobert, und selbst der eigenartige, einst unüberwindliche Duft des Vorraums soll, sicherem Vernehmen nach, vom Juchtengeruch völlig vertilgt worden sein. Im übrigen ist jeder Tod ein höherer Wahrspruch, und nichts stirbt, dessen Zeit nicht gekommen ist. Wenn man heute, nächtlicherweile, durch die von Lichtreklamen durchgellten Straßen geht, liest man an jeder Ecke die Aufschriften von Lokalen, welche der Freude nicht, aber dem Tanze geweiht sind. Das Saxophon des Negers quäkt. Durch die grellen Portale gehen wirkliche Damen aus und ein, und ihre herrlichen und freien Beine locken deutlicher, als es einst selbst in der Gamsgasse die Regel war.

Vergrämt, durch eine ungebuchte und schier unendliche Nebenbuhlschaft ums Brot gebracht, zieht müde die Straßendirne über den verlassenen Strich. Wer weiß, ob es überhaupt noch öffentliche Häuser gibt?"

„Die Prostitution", schreibt Manfred S. Fischer im Nachwort zu dem von ihm 1990 herausgegebenen Lesebuch „Die leichten Damen der Weltliteratur", „– also die Geschäfte des Liebeshandels in unverhüllter oder verschleierter Form, die bis zur Vernunftehe und zur Anbietung des ‚höchsten Preises' aus tiefster sozialer Not oder zielstrebigem Karrieredenken reicht – ist das abgedroschenste Thema der gesamten Moralgeschichte. Die ehrliche Form dieses ‚verächtlichsten Lasters', dem eine Frau sich hingeben kann, die professionelle Prostitution gegen Entgelt, ist in unserem heutigen Kulturraum einer nach wie vor fragwürdigen und verräterischen Bewertung ausgesetzt. Huren werden geduldet, Prostitution wird sanktioniert, gleichzeitig aber wird die Hure – und nicht etwa der Mann, der sie erwirbt – in der öffentlichen Meinung angeklagt, um bürgerliche Rechte gebracht, zum Abschaum der Menschheit erklärt. Man(n) nimmt ihre Dienste in Anspruch und stellt sie gleichzeitig verächtlich an den Pranger. Eine erstaunliche Unlogik!"

Siehe Karl Kraus am Beginn dieses Kapitels!

*Traditioneller Ehrenteller für einen Wiener Bordellbesitzer, sechziger Jahre, 20. Jahrhundert*

# Venus im Rampenlicht

## Unterhaltungserotik zwischen Theater und Film

Seit den Erfolgen der Französischen Revolution und der aus ihr erwachsenden Ära der Aufklärung tobte auf den Podien der Elite ein heftiger ideologischer Streit um den gesellschaftlichen und sittlichen „Stellenwert" des Theaters als „moralischer Anstalt" (Friedrich Schiller). Rousseau etwa hatte die Institution des Theaters prinzipiell als sittenverderbend und lasterhaft abgelehnt, Retif de le Bretonne hingegen – berüchtigter Pornoautor seiner Zeit und bekennender Schuhfetischist – hielt als Reformtheoretiker das Theater für ein Ventil der „bösen Gelüste". Seiner Meinung nach ließen die Schauspieler das Publikum ihre verderblichen Triebe miterleben und dadurch auch kanalisieren. Selbst unzüchtige Stücke würden der Tugend nutzen! Er brach eine Lanze für die lebendige Schauspielkunst, lehnte aber die „Histrionen", also die Sucht der Schauspieler, zu gefallen und zu verführen, ab.

Die staatlichen Theater erzogen die Volksmassen über die Anleihen bei der Antike ohnehin zu Patriotismus und Freiheitsliebe. Und so reservierten sich die kleinen Spielstätten alle jene schummrigen Bereiche, die offiziell nicht zur Sprache kamen. Dazu zählten in erster Linie geistige und physische Ausschweifungen. Immerhin hatte ja Frankreich als Land der Galanterie einen Ruf zu verteidigen!

Und Paris wäre nicht Paris gewesen, hätte es die allerorten praktizierte Erotik nicht auch auf die Bühne gebracht. Allerdings mußte man sich aus moralischen Gründen eines Tricks bedienen: Da man anstandshalber erotische Komödien nicht von lebendigen Schauspielern darstellen lassen konnte, entschloß man sich zu einem Marionettentheater. 1862 gründete daher der Schriftsteller Lemercier de Neuville das erotische Theater („Théâtre Erotique") in der Rue de la Santé und führte in einer geräumigen Vorhalle eines Mietshauses allerlei Kabinettstücke auf, etwa heiße, wenn auch komische Liebesszenen zwischen einem Studenten und einer Grisette („La Grisette et L'etudiant" von Henri Monnier) oder das leichtgeschürzte Lesbierinnenstück „Les deux Gougnottes" von Joseph Prudhomme, das an die Erzählkunst eines Crebillon anschließt. Da plaudern sich zwei Freundinnen in einem Landhaus mit ihren anzüglichen Geschichten so lange in die Hitze, bis sie als Opfer ihrer ausgelassenen erotischen Unterhaltung im Doppelbett immer näher rücken und schließlich übereinander herfallen.

Immerhin waren bei der Premiere angesehene Leute wie Alphonse Daudet, Theodore de Bauville oder Charles Bataille anwesend.

Dieses intime Theater charakterisierte Lemercier mit den Worten: „Das bizarre, unartige, kleine Theater, in dem man frei von der Leber weg lachen konnte, hatte das stolze Privilegium, einen Kreis angesehener Künstler und Literaten zu ein paar heiteren Stunden zu vereinigen."

Und so führte man mit liebreizenden Puppen heitere Stücke über Kuppler und Mädchenhändler auf, eine Farce über eine Hure namens Urinette oder ein skatologisches Singspiel, in dem der Herr Marquis sich auf allen Vieren eine Pfauenfeder in den Anus pflanzt und im Zuge der verwirrenden Handlung gezwungen wird, ein Stück Scheiße zu kochen und als Kotsuppe auch zu schlürfen.

Aber nach einem Jahr schon schloß das erotische Theater seine Pforten, weil der Hausvermieter namens Monsieur Rolland zu übersiedeln gezwun-

*Man zeigt wieder Popo, französisches Theaterplakat, um 1890*

*Félicien Rops: Programm-Titel für das „Theatron eroticon"*

gen war. Immerhin brachte es dieses kuriose Theater in Paris gewissermaßen als erotische Eintagsfliege zur Ehre der literarischen Verewigung: 1906 verfaßte Dr. Franz Deditius über diese sexuell-burleske Institution eine deutschsprachige Monographie, die in einer Auflage von 300 Stück publiziert wurde – europäische Sittenhistoriker späterer Zeiten und unterschiedlichster Nationalitäten haben es ihm gedankt.

## Metropole der Laster

Im Zuge von Realismus und Naturalismus konnte es allerdings beim erotischen Kasperltheater mit lasziven Puppen nicht bleiben – und so ließ die Metropole an der Seine immer mehr tatsächlich die Puppen tanzen.
Über diese „Hauptstadt des Weiberfleisches", wie Paul Englisch Paris in seiner „Geschichte der erotischen Literatur" bezeichnet, schreibt der Schriftsteller Alexander Moszkowski in seinen Lebenserinnerungen:
„Die Nuditätswelle überschwemmte ganz Paris. Mit Ausnahme der alten Elitetheater, die in ihrem gefestigten Repertoire einen natürlichen Deich fanden, widerstand keine Bühne der wilden Flut, und wie die Pilze schossen neue Schaustätten heraus, in denen das Thema der Nacktheit stupide oder witzig variiert wurde. Auf dem Theater Horloge, Champs-Elysées, erschienen Prévosts Demi-Vierges in travestierten Gesellschaftsszenen. Die jungen Damen des Stückes waren en face ganz korrekt bekleidet, zeigten indes an der Kehrseite einen breiten Kleiderspalt vom Hals bis an die Waden, so daß jede Halbjungfer, je nach Stellung und Wendung, als elegante Salondame oder als Venus Kallipygos wirkte. Das Olympiatheater auf den großen Boulevards gab ein pantomimisches Drama, das alle Phasen einer Hochzeitsnacht mit peinlicher Genauigkeit darstellte. Als man späterhin versuchte, einzelne Teile dieses Stückes in kinematographischer Wiedergabe nach Berlin zu verpflanzen, verfiel schon der erste Ansatz der staatswissenschaftlichen Guillotine, während es in Paris gegenüber einer Wiedergabe durch lebende Schauspieler gar nicht mehr verlohnte, Zensur und Polizei zu mobilisieren. In der Cigale, einem reizenden Vorstadttempel der leichtgeschürzten Muse, wogte die Nacktheit über die Rampe hinweg bis in den Zuschauerraum. Nachdem es auf der Bühne nichts mehr zu enthüllen gab, warfen Kapellmeister und Orchestermusiker alles Entbehrliche ab, und bald beteiligte sich das Publikum an der Orgie des Blößenwahns …"

Auf den Bällen der Künstlergilden von Montmartre ging es ebenso hoch her. Zur Tarnung gab man etwa im „Moulin Rouge" themengebundene Kostümvorschriften, die zirka bis Mitternacht eingehalten wurden. Dann erschien meist eine Frauengestalt auf der Empore und ließ als Signalgeberin im Rampenlicht die Hüllen fallen. „Und in der nächsten Minute flog von aller Weiblichkeit ringsum bis zur entlegendsten Nische jede Verhüllung … Genug, daß von diesem Moment die Tracht nichts mehr galt und die Fleischlichkeit alles. Bis auf die Begriffsspur war die Scham ausgetilgt, und der Chronist sieht sich genötigt, vor dem Prospekt der anschließenden Massenszenen den Vorhang zu ziehen." So endet Moszkowski diskret seinen Erlebnisbericht.

Emile Zola klagte damals immer wieder die sittliche Deprivation seiner Zeitgenossen mit starken Worten an, bezeichnete die auf den Theatern üblichen Zuckungen, Busenentblößungen und Körperverrenkungen als Hurerei und schrieb: „Wir sind in Schmach und Schande aufgewachsen, wird sind die Bastardsprossen eines verfluchten Zeitalters."

Aber seine Worte verhallten im geilen Volksgetümel ungehört, und immer heftiger und aufdringlicher wurde die Reklame für das nächtliche Theaterleben. Fliegende Buchhändler vertrieben an die Reisenden sogenannte „Guides à l'etranger à Paris", ein mit obszönen Illustrationen gedruckter Fremdenführer, der nicht nur einschlägige Vergnügungsetablissements

*Erotisches Aktionstheater im alten Frankreich, Illustration von Félicien Rops, um 1870*

anpries, sondern gleich auch die angebotenen sexuellen Praktiken und Perversitäten wortreich mitlieferte.

Die Jahrhundertwende bot in Paris alles, was sich ein lasterhaftes Herz wünschte: Kabaretts für Nachtschwärmer, obszöne Enthüllungen in den „Boites de nuit", Opium, Kokain und Haschisch in rauhen Mengen, Apachenlokale mit echtem Verbrechermilieu, Künstlerfeste mit nicht eben prüden Modellen, Lokale mit Amateurdarbietungen in Sachen „Entkleidungskunst" und als Spezialität jene legendären Homosexuellenbälle, die man nur auf wärmste Empfehlung einer Vertrauensperson besuchen konnte.

Für Nachtschwärmer, die aus den Tanzlokalen, Revuen und Theateraufführungen kamen, warteten ganze Stadtviertel voll Dirnen, Bordellen und Stundenhotels. Das wahre erotische Theater begann erst nach der Vorstellung.

Den Zusammenhang zwischen Theater und Bordell, Schauspielerin und Dirne betonte die Sittenforschung immer wieder. Ja man vertrat sogar die Ansicht, daß erst durch die Schauspielerin als Nobeldirne und Bettgenossin der Großen und Mächtigen die Schauspielerachtung kraft der Unmoral stieg. Obwohl das Hoftheaterwesen strengen Zensurmaßnahmen unterlag, ging es hinter der Bühne um so frivoler zu. Die berüchtigte Pariser Schauspielerin Dubois berichtete ganz offenherzig von ihren mehr als 16.000 Liebhabern, die sie während ihrer Theaterkarriere zeitlebens hinter der Bühne beglückte.

Das Volk verehrte seine Stars – damals wie heute – trotz Skandal und Gerücht, und der Theatermaniak liebte seine Primadonnen, Ballettelevinnen und Soubretten. Blumensträuße, Geldscheine und Körpersäfte wechselten am laufenden Band ihre Besitzer, und das Theater als Amüsierstätte für die ganze Bevölkerung diente den einen als bequemes Lustreservoir und den anderen, nämlich den Actricen, als erotisches Zubrot.

Mit einigem Glück konnte man in die angesehenen „Salons" gelangen und herumgereicht werden – sie waren ja schließlich der Vorhof zur Berühmtheit und das Wartezimmer des Erfolges. Hier wurden die Künstler und Dichter „gemacht", und so manche Karriere nahm hier ihren Anfang.

Die Revolutionen von 1830, 1848 und 1871 hatten in Frankreich, speziell in Paris, so etwas wie die „absolute Bourgeosie" (Jean Duché) ins Leben gerufen. Das Bürgertum hatte auf fast allen Linien über die Aristokratie gesiegt. Es beherrschte ab nun die Finanz, die Industrie, die Ministerien, die Universitäten – und die Salons.

> „Tintenmeere wurden vergossen, um die Verwerflichkeit des Schauspielerstandes gebührend abzumalen, die Traktätchen und Pamphlete, in denen das Theatervolk in den tiefsten Sumpf gebannt wird, sind Legion und das Gesetz schloß den Mimen durch acht Jahrhunderte aus dem Kreis der ehrenwerten Volksglieder aus. Ursachen und Folgerungen entzündeten sich aneinander; hatte die Obrigkeit, Geistlichkeit und Geistigkeit aus moralischen und volkserzieherischen Gründen gegen das Theater gewettert, so grollte der Donner bürgerlicher Verachtung und sozialen Abscheus in der nächsten Generation der breiten Masse, der getreuen Komparsen der Weltgeschichte, nach und auf der Überzeugung der Majorität schwamm als Fettauge auf der Suppe im nächsten Geschlecht wieder das verdammende Urteil der richtunggebenden Wortführer in Talar und Doktorhut."
>
> *(Leo Schidrowitz, Sittengeschichte des Theaters)*

*Flotte Biene hinter den Kulissen, Kupferstich, um 1850*

*Der Mäzen in der Garderobe: Und was machen wir nachher?, Illustration von Jean Touchet, um 1890*

Im Salon, diesem geheimen Zentrum der Macht, ebnete sich auch der Unterschied zwischen den mondänen Damen von Welt und jenen der Halbwelt, also der Demimonde, ein.

So stieg man etwa als kleine Schauspielerin zur Theaterdirektorin auf:

„Die große Pariser Schauspielerin von heute ist in den meisten Fällen im Nebenberuf nicht mehr Kurtisane, sondern – Industrie-Kapitän! Zahlreiche Schauspielerinnen haben heute in Paris ihre eigenen Theaterunternehmungen. Seitdem Sarah Bernard und Réjane mit dem Beispiel vorangingen, haben sie viele Nachahmerinnen gefunden." (André Adorjan).

Aber im großen und ganzen war das Theater Marktplatz der mehr oder weniger käuflichen Liebe geblieben, und die Theaterroués richteten sich mit ihren Mätressen in den Theaterlogen häuslich ein, indem sie stets von Dienern Obst, Süßigkeiten und Pasteten herbeischleppen ließen und die Logenbrüstungen mit den blitzenden Champagnergläsern aus Kristall und den schweren Silberschüsseln zu üppig gedeckten Tafeln umfunktionierten.

Die kleinen Theatermädel zählten zu den „irrégulières", kleine Kokotten, die sich auf den Straßen und in den Luxusrestaurants herumtreiben, um als junge Hühnchen vielleicht einmal zu „Poules de luxe" werden zu können. Viele freilich blieben schlicht und einfach kleine „Grisetten", tanzten in Vorstadtlokalen und im Cabaret, lebten ihr Leben der Bohème zwischen Absinth und Schwindsucht.

Und während man sich in den erotischen Privattheatern „en famille" fühlen konnte, wurde man in den Operettentheatern mit ihren mitreißenden Cancan-Revues Zeuge öffentlicher Extase!

*Beim Theateragenten: Käufliche Künste, Zeichnung von Antoine Gerbault, um 1890*

Obwohl eigene Sittenkomissäre die Tanzlokale inspizierten, konnten sie nicht verhindern, daß überall die weißen Schenkel und Höschen aufblitzten und der „Tanz der wahnsinnigen Beine" das Publikum zur Raserei brachte.

## Tanzen, tanzen, tanzen

„Wir versprechen Erstaunliches, nur zu Verblüffendes, Umwerfendes, nicht vorstellbare Tricks und schlicht Unmögliches. Goldregen, Feuerregen, richtigen Regen, immer weitere Himmel und dröhnender Donner – und Beine, Beine, Beine! Denn das Ideal Beine ist gesucht: Gold und Beine. Beine und Gold, das wird immer gewollt. Wir geben zu verstehen, daß man noch niemals so viele Beine auf einmal sah, noch niemals so tollkühne. Nebenan kündigt man dreihundert Paar an, wir versprechen sechshundert und erlesenere", schreibt Louis Veuillot in den „Düften von Paris".

Die Wäscherin Luise Weber brachte es als „La Goulue" am Montmartre zu legendären Ehren und wurde von Toulouse-Lautrec in den Olymp der Kunst gehoben. Der „Vielfraß", seit 1890 im „Moulin Rouge" unbestrittener

*Erotische Orientalistin, Fanpostkarte, um 1910*

*Pariser Revuetheater, um 1920: Schmuck durch Nacktheit*

*Berliner Revuetheater, um 1920:
Das Weib als Weltherrscherin*

Tanzstar, warf wie keine zweite ihre Beine in tierhafter Wildheit gen Himmel, doch die Freßsucht („sie fraß wie ein Scheunendrescher") machte ihrem Cancan alsbald ein Ende. So trat sie später als orientalische Bauchtänzerin auf und begeisterte die Männer mit ihrer Üppigkeit.

Doch die Begeisterung der Männer war zwecklos, denn die Goulue verachtete nicht nur die Gesellschaft, die sie für ihre Auftritte bezahlte, sondern sie liebte auch nicht Männer, sondern Frauen. Um ihre ganze Verachtung auszudrücken, spazierte sie abends am Montmartre stets mit einem Ziegenbock an der Leine!

Später wurde sie Dompteurin, danach Blumenverkäuferin, und schließlich starb sie 1929 als verkommene und verarmte Trinkerin im Elend.

Gegenpol der drallen, rothaarigen Goulue war die blasse, magere und lässige Jane Avril, die sich nach Aussagen von Zeitzeugen gazellenhaft und „wie ein biegsames Blumengebilde" drehte und bei deren Auftritten Toulouse-Lautrec jedesmal vor Begeisterung aufschrie – auch sie ist in den Kunsthimmel aufgenommen worden.

Das „Folies-Bergère" wurde 1869 als das erste Varietétheater von Paris eröffnet. Anfangs gab es noch keine Nackten, lediglich die Servierinnen waren tief dekolletiert. Es begründete seinen Weltruhm mit großen Namen wie Ivette Guilbert, der ersten Diseuse mit schlüpfrigen Chansons (auch sie von Toulouse-Lautrec auf einem berühmten Plakat festgehalten). Dann traten hier freilich auch Tanzgirls in wirklich spärlicher Bekleidung auf, später schließlich überhaupt nackt – und machten diese Institution zum Markenzeichen für die künftigen „Revuen" in aller Welt.

Selbst Richard Wagner war gezwungen, in der Pariser Aufführung seines „Tannhäuser" eine quasi-erotische Balletteinlage einzubauen, da das Pariser Publikum in keinem Fall auf gut gebaute Mädchen in spärlichen Kostümen verzichten wollte.

Deutschland hatte zwar keinen eigenen Cancan, aber in seinen Varietétheatern tummelten sich sogenannte „Schönheitsballette". Die Tänzerinnen traten darin nackt oder in Schleiern auf. Erst als die Wellen der Empörung in Berlin besonders hoch schlugen, zogen sich die Damen leichte Tanzhöschen, sogenannte Drusen an. Da eine seiner Berühmtesten, Venus vulgivaga-celly de Rheydt, weiterhin recht nackt ihre Tänze („Vampyr", „Gladiatoren", „Die Nonne") vorführte, wurde sie zu saftigen Geldstrafen verurteilt. Auch gegen das Lola-Bach-Ballett wurde Anklage wegen öffentlichen Ärgernisses erhoben – Celly de Rheydts Tänze sollen dagegen Kinderspiele gewesen ein! Und so hagelte es Gefängnisstrafen. Kein Grund freilich, in den Berliner Nachtlokalen die Erotik einzudämmen! Fräulein Offeney beispielsweise bestritt eine Tanzszene mit dem sachlichen Titel „Erotik", wobei sie als weiße Frau von vier Schwarzen gewaltsam angegriffen wird und –

sich heftig wehrend – stirbt. Gegen das Stück wurde vom Polizeipräsidium „durch die Mitwirkung von vier Negern" – wegen Gefährdung der öffentlichen Ruhe! – eine Unterlassungsverfügung verhängt.

Die Nacktänze machten Schule, und alsbald hatte die Polizei alle Hände voll zu tun, um auch gegen immer häufigere lesbische Darbietungen vorzugehen.

In den „Folies caprices" in der Linienstraße gab man die „freiesten Possen", in denen die Darsteller andauernd die Hosen runterließen, in der „Tribüne" fand sich bei Frank Wedekinds Stück „Franziska" eine Darstellerin, die „nichts anhatte als ihr Talent" (Paul Englisch), und im „Theater in der Bülowstraße" rekelte sich erwartungsvoll im Stück „Der blaue Pantoffel" (von Franz Blei) die Hauptdarstellerin einen Akt lang im knarrenden Bett.

Das Bett war auch die Sache der Franzosen: Im Sprechtheater des Boulevards, wo die erotische Schaulust normalerweise etwas eingedämmt schien, wollte auch der Pariser vor allem das sehen und hören, was er unter Liebe verstand, nämlich Ehebruch.

*Drei Grazien für Photovoyeure: Mythologie als Ausrede, um 1900*

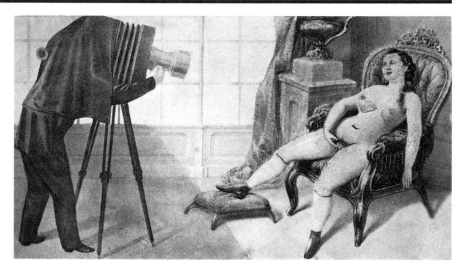

*Hardcore Fin de Siècle, Postkarte um 1890*

„Jedes Stück hat drei Personen: den Mann, die Frau und den Liebhaber. Eine Variante wie Frau, Mann und Geliebte ist bereits Häresie. Es ist das Theater des Trios, die Verwandlung des Ehebruchs in Geometrie ... Auf der Bühne von 1900 steht im Mittelpunkt die Frau im Hemd. Das Bühnenbild: ein Bett." (Armand Lanoux).

## Die erotische Weltausstellung

Tout Paris war auf der Suche nach jenem Café Concert, wo gerade Cancan ohne Höschen getanzt wurde. Für 15 bis 26 Francs konnte man die Vaudevilles mit ihren „lebenden Bildern" besuchen, wo wiederum die Be- und Entkleidung der Frau im Mittelpunkt stand.

Und selbst in so groß angelegten Spektakeln wie in Jules Vernes „Reise um die Welt in 80 Tagen", die zwischen 1874 und 1898 1550 Aufführungen erlebte, spielte die Frau – hier als vom Feuertod gerettete Inderin – das erotische Zünglein an der dramatischen Waage.

Im Interesse am weiblichen Geschlecht trafen sich Vorstadtbühne und Theaterpalast, große Oper und Jahrmarkt, U- und E-Kultur.

Die Präsenz vom „Mythos Weib" zur Jahrhundertwende – er beherrschte die gesamte psychologische und juridische Fachliteratur ebenso wie alle Sparten der Künste – war so stark ausgeprägt, daß selbst ein zivilisatorisch hochgeschraubtes Kulturunternehmen wie die Pariser Weltausstellung nicht darauf verzichten mochte. Und so schuf man für die Weltausstellung 1900 auf dem Gelände einen „Palast der Frau", wenn schon nicht für die Frau an sich, so doch für die Pariserin.

„Vom Bildhauer Moreau-Vauthier gestaltet, sitzt sie hoch oben auf einer goldenen Kugel am Anfang des Cours-la-Reine und herrscht über ein haarsträubendes Eisengebilde von Palast, der babylonische Architektur, Maschinenhalle, Hagia Sophia, Bahnhof Saint-Lazare und Schlachtermeister-Ornamentik in sich vereint. Den hocherhobenen Kopf überragen seltsame Nudeln, die Brust bietet sich in einem großzügigen Dekolleté dar, das Kleid aus getriebener Bronze gibt vor, sich im Wind zu blähen, die Hände sind geöffnet – die Pariserin gibt sich hin." (A. Lanoux)

Auf diesem gewaltigen Rummelplatz der kulturellen Heldentaten – der in gewissem Sinne das Gesamtkunstwerk vom Welttheater des 20. Jahrhunderts und auch die Philosophie der Erlebnisgesellschaft und der Disneylandisierung antizipiert – bewegt sich die Pariserin samt Korsett und rauschenden Röcken Seite an Seite mit Bürgersfrau, Weltdame und Kokotte. Sie sind die edlen Stücke dieser modernen „Kunst- und Wunderkammer" des 19. Jahrhunderts – sie bewundern und sie werden bewundert.

In den Spiegelsälen wiederum tanzte die weltbekannte, ehemalige Folies-Bergères-Tänzerin Loie Fuller ihren „Danse Serpentine" mit ausgewählt pikanter Choreographie. Es tanzten aber auch verkleidete Isis-Priesterinnen und Schiwas-Bajaderen samt Bacchantinnen einen Schleiertanz. Und im Aquarium nebenan schwammen Albert Guillaumes langhaarige Sirenen mit abnehmbaren Schwänzen ...

Das allgegenwärtige „Recht auf Liebe", das sich immer stärker und ernster um die Jahrhundertwende in Wissenschaft und Kunst thematisierte, erlebt hier seine symbolistische Verkleidung in der populären und spielerischen Form internationalisierter Unterhaltungstechniken. In die vorgebliche Bildung und die Selbstbespiegelung des technischen Fortschritts tritt nun auch die Gesamterotisierung aller ausgestellten Produkte und Darbietungen. Erstmals kann sich das „Begehren" in aller Öffentlichkeit einen Tempel für sich selbst schaffen.

Für die Schaulust ist es nun egal, ob man sich in der Halle mit den exotischen Handwerkern oder im Palast der Elektrizität befindet: In jedem Falle knistert die Attraktion, die Neugierde.

Ein heutiger Theoretiker könnte hier kurz und bündig von einer „karnevalisierten Libido" sprechen, denn jede Weltausstellung maskiert die Realitäten, die sie eigentlich darstellen möchte!

## Kinematografia sexualis

Wie immer war auch auf dem Sektor Erotik/Weltausstellung/Film Amerika ein Land der Pioniere. Schon 1893 zeigte man auf der Weltausstellung von Chicago die europäische Version eines nordafrikanischen Tanzes mit der bekannten Artistin Dolorita. Die Männer standen Schlange!

Auch die Bauchtänzerin Fatima sorgte mit ihren Filmen „Coochee Coochee Dance" für Aufregung, waren doch zur Jahrhundertwende der provokante Cancan und der schlüpfrige Bauchtanz meist nur im Rotlichtmilieu zugelassen, so zum Beispiel in New Orleans.

Mit einem Wort: Die wahre Weltausstellung der unmaskierten Libido fand vor allem in ganz anderen Bereichen der populären Unterhaltung statt, nämlich in den damals neuen Medien von Film und Photographie. Genauer: in den „pikanten Postkarten", den sogenannten „Akademien" – sie sollten angeblich den armen Malern die teuren Aktmodelle ersetzen –, wie auch in den erotischen Streifen der Kinopioniere und in den lasziven Erzeugnissen der nunmehr beweglich gewordenen Pornographie.

Primäre und sekundäre Geschlechtsmerkmale sprechen ja recht lexikalisch die völkerverbindende Sprache des fleischlichen Esperantos.

Bereits Schattentheater und Laterna magica hatten sich als Vorläufer des bewegten Bildes den Spielarten der Liebe gewidmet. Der Photopionier Edward Muybridge schoß mit seinem speziell für Phasenaufnahmen konstruierten Photogewehr bereits den später weitverbreiteten Protyp der Dusch- bzw. Badeszenen und des Schleiertanzes.

Auch der Trickfilm erkannte seine Chance, und so produzierte Emile Reynaud in seinem „Théâtre Optique" 1893 – recht treffend – die Geschichte eines Voyeurs: „Autour d'une Cabine". Die quasi deutsche Variante „Ein Blick ins Damenbad" wurde von der Berliner Polizei verboten.

Voyeure gab es aber auch auf Bahnhöfen, und um ihnen sichtlich die Wartezeit auf eben „pikante" Weise zu verkürzen, installierte man Mutoskope,

> „Der Film, in seinen Anfängen eine Kunst der Gosse und von den Moralisten als ein Handwerk des Satans denunziert, rettete den von allen anderen Künsten verlassenen Puritanismus ins 20. Jahrhundert hinüber. Freilich nicht, um ihm in der Arena einer Massenkunst ein Asyl zu gewähren; die Hilfeleistung war nur eine strategische Kriegslist. Der Puritanismus wurde auf ein Schlachtfeld gelockt, wo er um so spektakulärer zu schlagen war. Nur zum Schein erwies Cupido den Frauenverbänden einen versöhnlichen Salut. Den geschlagenen ‚Legions of Decency' blieb nur noch die grimmige Einsicht: Der Teufel hat immer die besten Filme ..."
>
> (Raymond Durgnat)

„Ohne Retusche"

etwa in Köln, wo man gegen einen Nickel die aufschlußreiche Bildserie „Der Kloster-Don Juan" beäugen konnte: Klosterbruder küßt Dame, wird vom Abt als Sünder entfernt, Abt selbst widmet sich danach der Dame als Don Juan Nr.2.

Vielfach wiesen die an den Geräten angebrachte Warnschilder mit der Aufschrift „Nur für Erwachsene" auf den jugendgefährdenden Inhalt dieser „unzüchtigen Nuditäten" hin und daran, daß die Neugier der Jugend vor der Geilheit des Alters geschützt werden mußte. Ja, nicht selten befürchtete man schwerste Erziehungsschäden für die halbwüchsige Jugend – das österreichische Staatsarchiv ist stolzer Besitzer von solchen Protestschreiben der besorgten Bevölkerung.

Als 1893 die ersten kurzen Filme für Guckkastenapparate gedreht wurden, waren darunter bereits die sogenannten „pikante Szenen". 1899 konnte man zum Beispiel in einem Panoptikum des Wiener Praters die Szenen „Alter schützt vor Torheit nicht" und „Die Schwimmerin" sehen – einschlägige Produkte der österreichischen „Saturnfilm", die als einziger Verleih in Europa sich auf Erotica spezialisierte.

Und in den Hinterzimmern der Bordelle florierte bald das Geschäft mit dem sexuellen Hardcore als flottem „Aufreger" und praktischem „Geschäftsvorbereiter".

Auch in den Wanderkinos zeigte man zu später Stunde in speziellen „Herrenabenden" gewagte Streifen, die heute zwar nur Gelächter auslösen, damals allerdings Polizei und Zensur auf den Plan riefen.

Und als Thomas Alva Edison die erste zärtliche Kußszene in einer Großaufnahme dem New Yorker Publikum vorführte, war das erotische Eis sowohl in Amerika, als auch in Europa endgültig gebrochen.

Von nun an durfte in keinem wie immer gearteten Film die – wenn auch harmlos – dargestellte Liebe fehlen. Ja vielfach dienten die Handlungen dieser frühen Stummfilmstreifen lediglich als Vorwand für spritzige Badeszenen, für das Motiv von Künstler und Modell, burleske Umkleideszenen, Bilder von einem orientalischen Sklavenmarkt oder nackende Antikmythologien (Motto: Badende Nymphen).

Wie immer waren die visionären Dichter ihrer Zeit voraus:

Schon 1886 hatte der französische Dichter Villiers de l'Isle Adam in seinem Roman „Die Eva der Zukunft", zehn Jahre vor der tatsächlichen Erfindung der Kinematographie, eine erotische Filmvorführung mit dem Sujet einer schönen Tänzerin beschrieben: „Welche Hüften! Was für schönes rotes Haar! ... Und dieser rote Mund! ... Diese nervösen Nasenflügel! Dieser Leib, dessen feste Fülle die knisternde Seide erraten läßt!" Auch Jules Verne erfindet in seinem Roman „Das Karpatenschloß" (1892) eine Projektion mit dem bewegten Bild einer faszinierenden, allerdings schon verstorbenen Sängerin: ein erotisches Memento mori für ihre Verehrer.

Der Voyeur mit Schlüsselloch, Fernglas und spanischen Wänden wurde so zum beliebten Leitmotiv der frühen erotischen Filme und spiegelte die Situation des Publikums wider.

In Italien freilich ging es klassischer zu: Eingedenk der eigenen antiken Tradition griff man ganz „griechisch-römisch" auf die „Tableaux vivant" und den „lebenden Marmor" zurück. Die Firma Alberini & Santoni führte daher 1906 in Rom den Film „Quadri viventi" vor – Schauspieler der Gruppe „Lyris" fanden sich dabei zu den „Poses plastiques" zusammen: als antike, weißgeschminkte Marmorskulpturen, versteht sich.

In Österreich wiederum beschränkte man sich nicht bloß darauf, den Kaiser und adelige Vertreter der österreichisch-ungarischen Monarchie bei der gefilmten Jagd in Ischl zu beobachten und auf diese dokumentarische Weise Traditionen hochzuhalten. Man hielt auch – unter anderem – den erotischen Geschäftsgeist hoch und gründete 1906 die „Erste Leihanstalt für hochpikante Herren-Films" in Wien. Von nun an war das Programm der „Pariser Herrenabende" auch im großen Vielvölkerstaat gesichert.

# Schwul und schwülstig

## Viktorianische Ausschweifungen zwischen Intimität und Öffentlichkeit

*Vorgeschmack, Illustration zu einem Eroticon, 1909*

England konnte im 19. Jahrhundert bereits auf eine reiche Tradition an erotischer Literatur seit dem 17. Jahrhundert zurückblicken. Da gab es die derben Stücke von Dryden, Wycherley oder Congreve, in denen die Phantasie stets um Jungfrauen, Nonnen, Blaustrümpfe, Pantoffelhelden, falsche Ärzte, betrogene Ehemänner und Kastraten kreiste, noch ganz in der Tradition von Chaucers „Canterbury Tales". Auch der bekannte John Wilmot, Earl of Rochester, hatte sich mit seinem legendären obszönen Drama „Sodom" einen Namen gemacht – es wurde wieder 1905 in einem Leipziger Privatdruck mit den Jugendstilzeichnungen von Julius Klinger herausgebracht. Es beginnt mit den Worten „Wohl bin ich König, doch von Lust besessen / eß um zu vögeln, vögel um zu essen" und schildert unter anderem die Freuden der Päderastie und die Abenteuer der liebestollen Damen Cuntigratia und Fuckadilla sowie von Virtuoso, dem königlichen Erzeuger

*Erotische Faschingsvorbereitung, Aquatinta von André Lambert, um 1900*

*Menage à troi: Walter läßt grüßen, um 1890*

von Selbstbefriedigungsgeräten. Die idyllische Schweinerei, in der schließlich nicht nur Dildos, sondern auch Tripper und Schanker die Macht übernehmen, spielt in einem Hain mit Bäumen, die als Phalli zurechtgestutzt sind:

„Ihr edlen Herren, ihr kamt heut, um zu sehn
ein schmutzig Spiel. Wollt mich nur recht verstehn:
es ist die allerhöchste Schweinerei,
der bloße Titel lockt euch schon herbei."

Erst John Cleland mit seiner „Fanny Hill" und seinen priapischen Romanen erlangte wieder diese Dimension von zweifelhaftem Ruhm. Das 19. Jahrhundert selbst setzte nicht so sehr die frivolen Erfindungen fort, sondern begann, dem sexuellen Hedonismus auf andere Weise ein Denkmal zu setzen: Man veröffentlichte intime, ausschweifende Autobiographien. Schon Samuel Pepys hatte mit seinem intimen Tagebuch gute Vorarbeit geleistet – es wurde sogar noch immer wieder im 20. Jahrhundert verboten!

Die Vorliebe der pragmatischen Engländer für das Authentische zeigte sich auch darin, daß man nicht nur pornologische Klubs gründete, in denen Orgien gefeiert wurden, sondern auch darin, daß man daraus im Sinne der Zweitverwertung auch ein eigenes Literaturgenre schuf. Es schilderte ganz getreu das Treiben in diesen „Liebesorden" der High Society, die sich mit Spitznamen, pseudoklerikalen Ritualen und sonntäglichen Festen päderastischer und flagellantischer Natur vergnügte. Titel wie „Venus School", „Phoenix of Sodom" oder „Modern Refinements in Sodomitical Tractices" zeigten, wohin der literarische Hase lief. Auch Edward Sellon, der Standardwerke über monolithische Tempel Indiens, die indische Prostitution und heilige Schriften der Hindus veröffentlicht hatte, war sich nicht zu schade, zeitweise den Penis mit der Schreibfeder zu vertauschen. Nachdem er das „Gita-Radhica-Krishna" übersetzt hatte, widmete er sich hauptsächlich nur mehr den Freuden seines Unterleibs. Mit seinem Elaborat „The Ups and Downs of Live" (1867) stand er in der Tradition der „wahren Begebenheiten": ein „grobsinnlicher Erotiker", wie er von Paul Englisch in der „Geschichte der erotischen Literatur" genannt wird, ein Erotomane, der im Sinnestaumel von Genuß zu Genuß eilte, ohne jemals die wahre Befriedigung zu finden. Als englischer Kolonialbeamter exportierte er nicht bloß europäische Kultur, sondern, im Gegenteil, flüchtete in die sexuellen Mysterien des Orients, da ihn die viktorianischen Prüderien und der enge Lebensstil der angelsächsischen Konventionen tödlich langweilte. Tatsächlich schied der melancholische Autor, der sein Leben lang meist nur das Hohelied indischer Frauen gesungen hatte, sich selbst als neuen Epikureer gesehen hatte und für seine Erotica auch eigenhändig die obszönen Bilder fertigte, aus Daseinsüberdruß freiwillig aus dem Leben.

## Ein englischer Casanova

Diesem priapischen Wahn der authentischen Penis-Memoiren folgte auch ein anderer Autor, nämlich der berühmt berüchtigte Gentleman namens „Walter", dessen Pseudonym nie gelüftet wurde. „My Secret Life" bestand in der Originalausgabe aus elf gleichen Bänden in kleinem Oktavformat, insgesamt 4200 Seiten, und erschien um 1890. Auf jeder Titelseite stand: Amsterdam. Nicht zur Veröffentlichung." Diese einzigartigen sexuellen Memoiren umfassen einen Zeitraum von vierzig Lebensjahren und stammen „wahrhaft aus dem Unterleib der viktorianischen Welt" (Steven Marcus).

Walter konnte im Sexuellen selbst kein erotisches Geheimnis entdecken, das Heimliche sah er als viktorianische Lüge, als gesellschaftliches Versteckspiel. Ohne sich selbst und andere zu schonen, sammelte Walter daher

Fakten um Fakten und gab ohne jeglichen Schminkversuch ganz aufrichtig ein protokollarisches Abbild seiner unzähligen erotischen Erlebnisse.

„Betsy war eine mittelgroße Frau, aber ihre molligen, runden Formen waren wunderbar. Sie hatte damals eine entzückende Figur, besaß eine köstliche Haut, glatt wie Elfenbein, und schönes, kastanienbraunes Haar; von der gleichen Farbe war auch das spärliche Haar auf ihrer Möse. Ihr Körper wies zwei Unvollkommenheiten auf. Die Augen traten zu stark hervor, die Klitoris war groß, und die inneren Lippen waren sehr groß. Als ich sie kennenlernte – damals war sie noch keine zwanzig –, hingen sie zwischen den äußeren Lippen einen halben Zoll hervor, und zwar über die ganze Länge der Spalte. Mir gefiel das nicht, ich nahm sie aber immer wieder, denn ihre Figur war wunderschön, die Haut vollkommen glatt, sie vögelte göttlich und ihre Möse paßte himmlisch zu mir. Sie war die geistreichste Frau ihrer Klasse ..."

Walter, der seine Aufzeichnungen wie wirtschaftliche „Blaubücher" führte und jede sexuelle Tatsache – ob mit Mann, Frau oder Tier – akribisch festhielt, entwickelte dennoch einen flüssigen, ja kurzweiligen Stil, der trotz pornographischer Monotonie den (männlichen) Zeitgeist als Dokument für den heutigen Leser sehr lebendig durchblitzen läßt.

*Die Zote, Beilage zur „Sittengeschichte des Theaters", um 1928*

*Dirigent der Lüste, Umschlag eines Pariser Theaterprogramms, 1896*

Schwul und schwülstig

*Sportliches Vorspiel zu einer Orgie, Aquarell, um 1900*

„Eine Frau fühlt instinktiv, daß die Neckereien eines Mannes über das Vögeln (und seien sie noch so verhüllt) ohne Risiko zurückgegeben werden können – beide bewegen sich sofort auf gleicher Ebene. Mit einer Frau über das Vögeln reden bedeutet, alle gesellschaftlichen Unterschiede auszulöschen."

Neben dieser pseudo-sexualdemokratischen Anmerkung kommt auch gewissermaßen das viktorianische Handelsgefühl für eine wertvolle „Sache" hinzu. Und dieser Wert kann nur in einem erotischen Handelskontor mittels einer Liste abgerechnet werden.

„Bis heute habe ich ... etwa zwölfhundert Frauen gevögelt, habe die Mösen von gewiß dreihundert weiteren gestreichelt, von denen ich hundertfünfzig nackt sah."

Neben den rein personellen Statistiken entwirft Walter auch eine Typologie, ja eine Physiognomie der weiblichen Geschlechtsmerkmale, vor allem der Genitalien, die jedem Gynäkologen der damaligen Zeit zur Ehre gereicht hätte und die erst hundert Jahre später wieder von Henry Miller aufgegriffen wurde.

Und so „kreisen Visionen von Schönheit und vergangener, gegenwärtiger und künftiger Lust in meiner Phantasie. Meine Augen erfassen die ganze Region vom Anus bis zum Nabel, die Möse scheint mit seraphischer Schönheit ausgestattet, und ihre Besitzerin ist mir wie ein Engel."

Kein Wunder also, wenn Walter seinen Expansionstrieb nicht nur auf

*Stielauge sei wachsam: Alt-Wiener Unten-ohne-Revue, um 1860*

Schwul und schwülstig

unmittelbare Körper, sondern in geographischer Libido auch auf ferne Länder ausdehnt.

„Wenn ich meine Tagebücher und Aufzeichnungen durchsehe, stelle ich fest, daß ich Frauen aus siebenundzwanzig verschiedenen Kaiserreichen, Königreichen oder Ländern und von achtzig oder mehr verschiedenen Nationalitäten besessen habe, darunter alle europäischen, Lappländerinnen ausgenommen. Ich habe Negerinnen, Mulatinnen, Kreolinnen, Halbblutindianerinnen, Griechinnen, Türkinnen, Ägypterinnen, Hindu-Frauen und andere mit unbehaarter Möse ebenso liebkost wie die Squaws der wilden Stämme in Amerika und Kanada. Ich bin erst ****** Jahre alt, und diese Vielfalt überrascht mich selbst. Möge mir noch ein langes Leben beschieden sein …"

Amen, guter Walter.

An dieser Stelle sei auch eines anderen Gentleman gedacht, den man als Casanova und Sexualprotz Herrn Walter literarisch an die Seite stellen muß: Es ist Frank Harris aus dem irischen Galway, der als Jugendlicher bereits in die Vereinigten Staaten ging, um dem englischen Internat mit seinen homosexuellen Umtrieben zu entfliehen. Nach einer klassischen Karriere als Schuhputzer, Tellerwäscher, Cowboy und Anwalt kehrte er mit 26 Jahren nach Europa zurück. Er zählte zu den besten Journalisten Londons, heiratete eine reiche Witwe, war zur Jahrhundertwende der mächtige Chefredakteur der „Evening News", schließlich Besitzer der „Saturday Review" und mit Oscar Wilde und George Bernard Shaw befreundet. Der kleinwüchsige Mann trug Schuhe mit fünf Zentimeter hohen Plateausohlen, ließ sich männlicherweise einen starken Schnurrbart wachsen und erzählte seinen Bekannten am laufenden Band unanständige Geschichten. Er war als „enfant terrible" verschrien, und „sein einziges Vergnügen war es wohl, mit Frauen ins Bett zu gehen", schreibt Curt Riess. Shaw nannte ihn „ein Monster" und Oscar Wilde meinte über den erotischen Maniak: „Frank Harris wird in den besten Häusern London empfangen – einmal!" Immerhin brachte er es dazu, daß ihm zu Ehren in späteren Jahren in Berlin (1927) ein Bankett gegeben wurde, zu dem sich auch Albert Einstein einfand. Harris hatte schon in Amerika seine Memoiren konzipiert, die auf fünf Bände anschwellen sollten und neben zeitgenössischen Ereignissen vor allem seine Tausenden Liebschaften schilderten: „My Life and Loves" (1925). Es wurde über Nacht verboten. Sein alter Freund Upton Sinclair schrieb ihm:

*Der Fetischist, Beilage zur „Sittengeschichte des Intimen", um 1928*

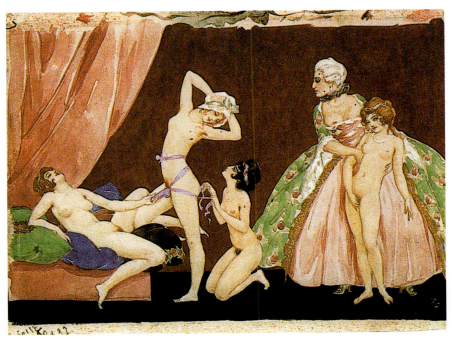

*Godemiché-Trägerin im Mittelpunkt einer lesbischen Orgie, Aquarell, um 1910*

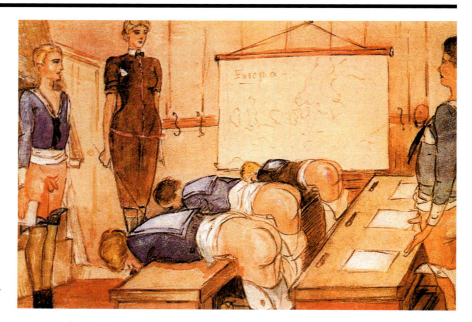

*Die Schulbank drücken, flagellantisches Amateuraquarell, um 1925*

„Das Buch ist das Schweinischste, was ich je gelesen habe – absolut unentschuldbar, vergiftend!" Harris vertrieb sehr geschickt sein Buch und schmuggelte es in alle Welt. Er stand dafür auf der Fahndungsliste der Sittenpolizei, und immer wieder erlebte er Polizeirazzien in seiner Villa. Als er alt wurde, wollte er nicht wie ein Spießer sterben. Er verfaßte eigenhändig seine Grabinschrift: „Wenn das Begehren in Dir erloschen ist, darf auch die Trauer um Dich nicht lange dauern." Am letzten Tag seines Lebens erhob er sich vom Bett, stellte sich noch einmal aufrecht in den Raum, kippte ein Glas Champagner, schmetterte es zu Boden und starb.

## Das englische Laster

Was wäre die englische Eroskultur ohne seine Prügelschule! Das „englische Laster" ist ja sprichwörtlich geworden und läßt sich weit in die Vergangenheit der britischen Insel zurückverfolgen. Vor allem Waisenhäuser, Internate, Public Schools, Colleges und überhaupt Erziehungsinstitute aller Art pflegten diese Züchtigungstechnik. Magnus Hirschfeld berichtet in seinem Werk „Geschlechtsverirrungen" im Zusammenhang mit dieser jahrhundertealten Tradition auch von berühmten sadistischen Lehrern, deren Namen sprichwörtlich wurden, „etwa Dr. Drury und Dr. Vaughan in Harrow, Busby, Keate („er kannte die Hintern seiner Schüler besser als ihre Gesichter") und Edgeworth in Eton, Dr. Grill in Saint Paul. Anscheinend glaubten sie später wie Edgar Allen Poe, „daß Kinder nie zu zart sind für Züchtigung. Wie zähe Steaks werden sie um so weicher, je öfter man sie schlägt."
Auch Lord Byron billigte das Prügeln: „Oh, ihr, die ihr die erfindungsreiche Jugend der Nationen von Holland, Frankreich, England, Deutschland und Spanien lehrt, ich bitte euch, schlagt sie bei jeder Gelegenheit; es verbessert ihre Moral, und Schmerz schadet nichts." Vor allem die Westminster School war berühmt für seine eigens dafür abgestellten Rutenmacher, jüngere Schüler, die Zweige von einem Apfelbaum zurichteten, um die nackten Gesäße der Delinquenten mit „biblischen sechs" Schlägen zu bestrafen. Schon in der bereits aus dem 17. Jahrhundert stammenden Komödie „Der Virtuose" von Thomas Shadwell bittet Snarl, ein alter Wüstling, im Bordell ein Mädchen, ihn zu schlagen: „Ich habe mich in der Westminster School so daran gewöhnt, daß ich es nicht aufgeben kann."
Der „sadistische Engländer", wie er etwa in den Berichten der Brüder Goncourt oder in Pétrus Borels „Immoralischen Geschichten" auftaucht, scheint

seinen Urtypus in George Augustus Selwyn gehabt zu haben. Der bizarre Mann verkleidete sich nicht selten als Frau, um Hinrichtungen beizuwohnen, und als er einmal über seine diesbezügliche Erregung gefragt wurde, ob er denn Henker sei, antwortete er: „Nein, nein, Monsieur, ich habe nicht die Ehre, ich bin nur Amateur!" Ein anderer Amateur war der Dichter Charles Algernor Swinburne, der eine große flagellantische Bibliothek sein eigen nannte, er wohnte im Landhaus seiner Mutter, das er „the sweetest little old farmhouse" nannte und dem er den Namen „Chaumière de Dolmancé" gab: die Gebäudebezeichnung aus einem Roman des Marquis de Sade. Logisch also, daß Swinburne auch dem nahegelegenen Parkweg den Titel „Avenue de Sade" verpaßte!

Maupassant bezeichnete den Dichter als pervers, überspannt, wißbegierig, verführerisch intelligent und als Liebhaber des Monströsen.

Swinburnes Hang zur Algolagnie, also der Schmerzwollust, wurde so populär, daß man von England als dem Reich der Notzucht sprach, dessen eigentlicher Nationaldichter Algernon Charles Swinburne heiße ...

1885 erschütterte ein Skandal England: Die Pall Mall Gazette berichtete über Folterbordelle, in deren gepolsterten Zimmern die Schreie der jugendlichen Opfer erstickt wurden. In diesem Zusammenhang fiel nicht nur der Name Swinburne; auch Villiers de l'Isle Adam berichtete von einem Gespräch mit zwei berühmten englischen Schriftstellern, die über dieses Treiben berichtet hätten. Heute glaubt man zu wissen, daß einer der Autoren der Swinburne-Verehrer Oscar Wilde gewesen sein könnte.

„Die Tausenden von Kindern und jungen Mädchen, die bei uns verschleppt und exportiert werden, bereiten uns, wie ich Ihnen versichern kann, jene Art wollüstiger Wonnen, von denen unser Nationaldichter spricht. Gelegentlich nehmen wir an den Objekten die schmerzhaft-raffiniertesten Experimente vor, indem wir den Martern noch subtilere Martern folgen lassen. Und wenn der Tod die überraschende Folge ist, so wissen wir, wie man die unbekannten Reste verschwinden läßt."

Die Berichte der Pall Mall Gazette inspirierten den ganzen Kontinent. Der italienische Dichter Gabriele D'Annunzio läßt in seiner Erzählung „Piacere" Andrea Sperelli das „englische Laster" und seine Greuelszenen in den britischen Geheimzimmern erleben. Octave Mirbeau kann in seinem berühmten

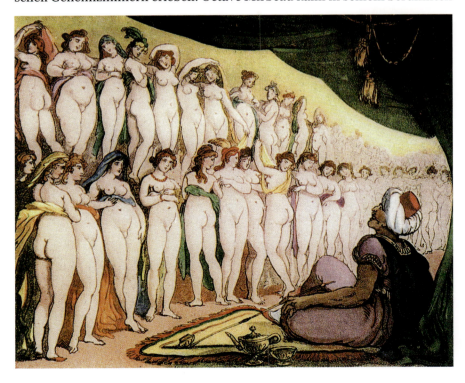

*Haremsfreuden: Die Qual der Wahl*, kolorierter Kupferstich von Thomas Rowlandson, um 1800

„Garten der Qualen", dem „Jardin de Supplices" (1898), mit der diabolischen Gräfin Stasseville aufwarten, und Péladan beschreibt um 1900 die „vice anglais":

„London ist die einzige Stadt in der Welt, wo es Folterhäuser geben soll, so wie es konzessionierte Freudenhäuser gibt. Man steigt in eine Kutsche, die vor einem ruhig gelegenen Hause hält; dann wird man in einen Keller mit ausgepolsterten Wänden geführt und bekommt folgende Fragen vorgelegt: Welches Geschlecht? Welches Alter? Geknebelt oder nicht? Narkotisiert oder nicht? Scharpie oder Schwämme? Denn das Bett dieser entsetzlichen Ausschweifungen ist ein Operationstisch."

So als sollten die Grausamkeiten der elisabethanischen Dramen auch in der Realität unermüdlichen wiederholt werden, stößt sich Péladan nicht daran, sie für seine literarischen und moralischen Zwecke zu gebrauchen. In „La Vertu suprême" gerät die arme, schöne Erzieherin Nanna an den alten Sadisten, Sir Arthur Glocester. Er verspricht Scheidung und Heirat, wenn sie ihm zu Willen ist. Insgeheim beschließt er, sie zu töten. Er verkleidet sich

*Der Sklavenhändler, pseudohistorischer französischer Öldruck, Ende 19. Jahrhundert*

*Dichters feuchte Träume, Postkarte, um 1907*

als Inquisitor und unterzieht die Frau in schwarzen Messen grausamen Folterungen. Gott sei Dank eilen in letzter Minute Freunde herbei, befreien das Opfer und töten den Engländer, Angehöriger eines Volkes, „das die Wollust mit Blut befleckt und den Mörderdolch im Bett der Liebe versteckt".

## Die hohe Kunst der Rute

1907 lieferte der französische Dichter Guillaume Apollinaire, Vorläufer der Surrealisten, ein verrücktes pornographisches Satyrspiel zu den oben erwähnten Skandalen und Obszönitäten nach – anonym versteht sich: „Die Elftausend Ruten", im Original „Les Onze mille Verges" erschien als kostbarer Privatdruck auf reinem Hadernpapier. Es handelt sich dabei um eine erotische Groteske, die zwischen Komik und Barberei angesiedelt ist, „deftiger als Marquise de Sade", so ein Kritiker. Apollinaire versuchte das Kunststück, Grauen und Humor burlesk miteinander zu verbinden – natürlich ist es schwarzer Humor und radikale Geschmacklosigkeit.
Schon der wortspielerische Titel verges/vierges (Ruten/Jungfrauen) spricht für die über das Pornographische hinausgehende Poesie des Ungeheuerlichen.

*Populärkünstlerische Brunnenfigur, Ende 19. Jahrhundert: Alles fließt*

*Gabriele D'Annunzio: Nur Fliegen ist schöner, italienische Propaganda-Postkarte aus dem Ersten Weltkrieg*

Schwul und schwülstig

*Der Körper ist ein offenes Buch, Nippes, Ende 20. Jahrhundert*

„Kein Zweifel, die elftausend Ruten sind Zuchtruten zur Bestrafung, wobei jedoch – das ist die Rache der Lust – die Zucht ihrerseits in Unzucht umschlägt ... Die elftausend Jungfrauen nämlich (vierges) verwandeln sich durch Verschiebung in elftausend Ruten (verges)" (Louis Aragon).

In Köln jedenalls befindet sich eine Kirche, die der heiligen Ursula und den elftausend Jungfrauen gewidmet ist. Die Sage will, daß die elftausend Mädchen lieber in den Tod gegangen sind, als sich von den Hunnen schänden zu lassen!

Apollinaire schildert in grellem Anarchismus und ohne jeden Ernst die erotischen Abenteuer des hochstaplerischen Prinzen Vibescu im Paris der Jahrhundertwende. Und die haben es in sich: Orgie im Schlafwagen mit Doppelmord, ein gepfählter Päderast, Vampirismus, leichenfressende Rotkreuzschwestern, Nekrophilie, Skatomanie, Sodomie und Gruppensex allerorten.

Keine Perversion ist diesen geilen Marionetten fremd, und die Peitsche treibt sie zu weiteren Untaten an, denn die in der Flagellation nicht bewandert sind, verstehen nichts von der Liebe ...

„Der Tatar prüfte das Folterinstrument mit Kennermiene. Es bestand aus Lederriemen, die mit Eisenspänen gespickt waren. Die Frau weinte und bat

*Im Atelier, Ölgemälde von Richard Müller, 1907*

Schwul und schwülstig

flehentlich um Gnade ... Der Tatar ließ die Knute zuerst durch die Luft sausen und holte dann mit hocherhobenem Arm zum Schlag aus, als die unglückliche, an allen Gliedern zitternde Kellnerin einen sonoren Furz ließ ... Der Tatar war ein Künstler, und die Schläge, die er verabreichte, ergaben eine kalligraphische Zeichnung. Unten am Rücken, knapp über den Hinterbacken, erschien schon bald und für alle deutlich lesbar das Wort Hure ..."
Mony Vibescu gerät zu guter Letzt bei den Kriegswirren nicht nur in japanische Gefangenschaft, sondern auch in ein sexualpathologisches Alptraumszenario, das ihn sein geiles Leben kosten soll:
„Wenn ich nicht zwanzigmal hintereinander Liebe mache, sollen mich die elftausend Jungfrauen oder elftausend Ruten bestrafen. Er hatte es nicht zwanzigmal hintereinander gemacht, und der Tag war gekommen, da elftausend Ruten ihn bestrafen sollten ... Die elftausend Japaner waren angetreten in zwei sich gegenüberstehenden Reihen. Jeder Mann hatte eine Gerte ... Man zog Mony aus ... Er ertrug die ersten tausend Schläge in stoischer Ruhe und fiel dann mit gerecktem Schwanz in sein Blut ... Beim zweitausendsten Schlag hauchte Mony seine Seele aus. Es war strahlender Sonnenschein ..."
Auch Vibescus Freundinnen müssen an die Macht der Ruten glauben:
„Vor den verwunderten Augen der Soldaten erschienen die schönen, weißen Hintern von hübschen Pariserinnen. Sie begannen, diese reizenden Hinterteile, die wie trunkene Monde schaukelten, sanft und ohne Hast zu schlagen, und als die Mädchen versuchten sich aufzurichten, sah man das Fell ihrer Kätzchen, die das Maul aufsperrten ..."
Apollinaire, der mit seinen Gedichtbänden „Alcools" (1913) und „Calligrammes" (1918) berühmt wurde, versuchte sich 1911 noch einmal pornographisch und veröffentlichte – vielleicht auch aus Geldgründen – „Die Großtaten eines jungen Don Juan". In dieser süßen Dorfidylle gibt es allerdings keine gewaltsamen Ruten mehr. Hier läßt der junge Herr Roger lediglich und in einem fort sein geschätztes „Gerät" sprechen: zum Zimmermädchen, zur Schwägerin, zur Magd, zum Küchenmädchen, zur älteren Schwester, zur Schwester der Mutter und zur Gutsverwalterin. Hier wird, wie ein Kritiker feststellt, nicht mehr gedacht, hier wird's nur getan ...

*Titelradierung zu einem flagellantischen Roman, um 1905*

## Das dritte Geschlecht

Einen besonderen Aspekt der Erotik des 19. Jahrhunderts vertrat Theophil Gautier (1811–1872), dessen Werk später auf die literarische Décadence großen Einfluß haben sollte. Lange Zeit war er bloß als Autor des Balletts „Giselle" im öffentlichen Bewußtsein, und vielen war er noch als Vater jener Judith Gautier in Erinnerung, die als die letzte Geliebte Richard Wagners in die erotische Musikgeschichte einging. Immerhin nahm Paul Englisch den französischen Autor in den Olymp seiner „Geschichte der erotischen Literatur" auf, zitierte ihn allerdings in der Hauptsache als derben Briefschreiber, der sich am unersättlichen Rabelais ein sprachliches Vorbild nahm. Einige von Gautiers kräftigen Erotica erschienen allerdings nur in einer Auflage von 150 Stück und waren daher nur für eine ausgewählte Klientel der sexuellen Feinschmeckerei bestimmt. Gautier wird heute von der Literaturwissenschaft als wahrlich „moderner" Autor angesehen, denn er schuf in seinen Fiktionen ein höchst autobiographisches Werk als atmosphärisches Zeitzeugnis jenseits der akademischen Geschichtsschreibung, ähnlich wie Henry Miller, Michel Leiris oder Ernst Jünger. Alles kam darin zur Sprache: Feminismus, Orgien, Halluzinogene, indische Liebeskunst, Hypnose, Tanz und sexuelle Emanzipation. Gautier wurde lange Zeit hindurch bloß als frivoler Salonliterat und deliranter Formenspieler mißverstanden, aber er hatte tatsächlich erlebt, was er schrieb, und er schrieb, was er als Entdecker des Unbekannten erleben wollte. Stets war er auf der Suche nach dem

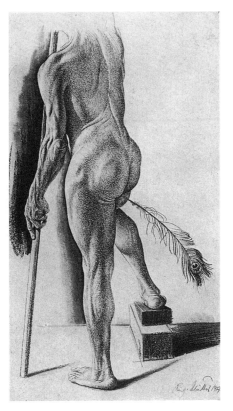

*Willkommen!, Zeichnung von Richard Müller, 1917*

Anderswo, und seine Reise führte ihn von den Drogen zu Orientreisen und zu den Hoffnungen einer politischen Revolution. Noch lange vor der Psychoanalyse Sigmund Freuds thematisierte er die homoerotische Sehnsucht und die Befreiung der Eingeschlechtlichkeit durch bewußte Bisexualität. Sein bevorzugtes Phantasma war es, eine Frau zu sein. Er entwarf die Sozialutopie für einen kommenden Androgynismus, wo Männliches und Weibliches organisch zusammenfließen. Seine zukunfträchtige These lautete daher: „Der Hermaphrodit ist die Arbeit der Menschheit."

Und so kämpfte er auch in seinen Erzählungen für die Auflösung der gesellschaftlich vorgegebenen Geschlechterrollen und deren Zwänge. Im Roman „Mademoiselle de Maupin", den er der tribadischen „Gamiani" von Alfred de Musset nachempfunden hatte, schlüpft die Protagonistin namens Madeleine in eine Männerrolle, um der eigenen Rechtlosigkeit zu entgehen und um Einblick in die ihr bisher verschlossene Männerwelt zu bekommen. Als sich ein Mädchen in sie verliebt, nimmt sie das lesbische Abenteuer an. Ihre erotische Haltung ist auch ein philosophischer Entwurf: Madeleine will alles und jedes sein, sie begreift sich als ein erotisch wandelndes Möglichkeitsfeld – und so beginnt sie am Ende des Romans eine Liebesnacht mit ihrem Geliebten Albert und beendet das tête-à-tête mit ihrer Geliebten

*Das homoerotische Nachleben der Antike, Photographie von Vittorio Galdi, um 1895*

Rosette. Madeleine de Maupin nennt sich daher selbst programmatisch das „dritte Geschlecht" ...

„Mein Traum wäre es, bei beiden Geschlechtern meine doppelte Natur zu stillen. Heute bei Frauen, morgen bei Männern, würde ich meinen Liebhabern alles Schmachtende, zärtlich Weiche, Liebkosende, seufzend Melancholische, alles Katzenhafte und Weibliche meines Wesens widmen, mit meinen Geliebten jedoch unternehmend, keck, leidenschaftlich überlegen verfahren, den Hut auf einem Ohr mich wie ein martialischer Abenteurer benehmen. Dann wäre meiner Natur vollauf Genüge getan, ich könnte glücklich sein, denn wahres Glück besteht darin, daß man sich ungehemmt in allen seinen Möglichkeiten auslebt, alles ist, was man zu sein vermag."

Der Berliner Sittenforscher und Sexualwissenschaftler Magnus Hirschfeld – selbst homosexuell – übernahm fast ein halbes Jahrundert später den Begriff des „dritten Geschlechts" und machte ihn nun auch im akademischen Bereich bekannt und salonfähig. Ernst von Wolzogen schrieb mit seinem Roman „Das dritte Geschlecht" in eben diese Richtung.

Die erwähnte „Gamiani" von Musset war bereits so etwas wie ein sexuell emanzipiertes Lustwesen – sie treibt es mit Godemichés, einem Orang-

*Freundinnen, Lithographie von Otto Schoff, um 1910*

*Die Tribaden, Buchillustration, um 1905*

Schwul und schwülstig

*Wechselseitiges Abenteuer im Bodoir, Postkarten, um 1900*

Utan, einem Esel und ihrem Hund Medor. Außerdem liebt sie mönchische Flagellationen. Alfred de Musset hatte die Figur der „Gamiani" angeblich seiner ehemaligen Geliebten George Sand als Racheakt nachgebildet. Die Sand, mit bürgerlichem Namen Aurore Dudevant, geborene Dupin, trug stets Männerkleidung und war wegen ihrer sexuellen Unersättlichkeit als Nymphomanin verschrien. Die Chronique scandaleuse meinte immer, daß sie auch schon Frédéric Chopin und seinen frühen Tod auf dem Gewissen gehabt hätte. Den sie anhimmelnden Dichter Heinrich Heine ließ sie kalt abblitzen, denn gegen schwärmerische Annäherungen war sie völlig empfindungslos. Hart bezeichnete die schöne Dichterin nach einigen Jahren ihren ehemaligen Geliebten Musset ganz öffentlich als „impotenten Jüngling", da er sichtlich ihren hemmungslosen Forderungen nicht allezeit nachkommen konnte.

Nietzsche nannte seine Kollegin später sehr ungalant eine „fruchtbare Schreibkuh".

Was aber hätte er gar zu einer zwanzigjährigen Schriftstellerin gesagt, die eigentlich Marguerite Eymery hieß, sich geheimnisvoll Rachilde nannte und durch ihren erfolgreichen Roman „Monsieur Vénus" mit großer Inbrunst den Androgyn als anzustrebendes Ideal pries? Sie selbst nannte ihr Werk „ein Wunder der Hysterie, welche in einem lasterhaften Milieu zum Paroxysmus der Keuschheit gelangt ist." Das Buch, das von einem stolzen, nervösen Mädchen namens Raoule de Vénérande erzählt, die sich in Jacques Silvert, einen armen Bauernburschen mit fettem Zwitterleib und dem Gesicht eines griechischen Epheben verliebt, ihn aushält und sich ihm als seine Mätresse lediglich platonisch zur Verfügung stellt, ist voll von asexueller, lüsterner Erotik. Die schmallippige Raoule, stets vom krankhaften Sinnestaumel gepackt, macht aus ihrem Schlafzimmer eine Rüstkammer mit Waffen aller Art und schürt mit sadistischen Bemerkungen Jacques Verlangen, um es abzutöten.

„In seinen Ohren rauschten die Lieder einer fremden Liebe, die nichts mit Geschlecht zu tun hatte und dennoch alle Gefühle der Wollust erregte."

Perverser Meister jener Keuschheit, die von schlüpfrigen Phantasien heimgesucht wird, war Joséphin Péladan, der sich – als Großmystiker und kabbalistischer Mitbegründer der Rosenkreuzer – nach dem babylonischen König von Merodach-Baladan seinen Namen gab. Er machte den Hermaphroditen zu seinem unumschränkten männlichen Helden und widmet sich den Reizen der androgynen Frauen, indem er gesteht, „daß die Zahl der Frauen, die sich als Männer fühlen, täglich wächst". Aber auch die Zahl der Männer, die sich zunehmend weiblich fühlten, schien zuzunehmen.

*Serenissima erotica, anonyme Illustration um 1925*

Für Péladan wird das Geschlecht immer mehr zum Rätsel, und so entwirft er auch eine Ästhetik, die sich an den Präraffaeliten mit ihren ätherischen Frauen, an Gustave Moreau mit seinen glühenden Frauengestalten und an den gotischen Primitiven des Mittelalters entzündet.

„Ein Engel des Meßbuches, als törichte Jungfrau durch einen entarteten Zeichner entkleidet: So erschien Leonore ... Auf ihrem flachen Busen setzten sich ihre kleinen, aber festen Brüste plötzlich an, ohne Übergang, abgesondert und zugespitzt. Die Linie der Taille schwoll etwas an den Hüften an und verlor sich in den zu langen Beinen einer Eva des Lukas van Leyden. Der Schwung der Linien, die Feinheit der Gelenke, die schmale Länge der Hände und Füße, das Vorherrschen der Vertikalen entmaterialisierte ihr im Ton schon unwirkliches Fleisch; sie schien eine dieser Heiligen zu sein, die der Stichel Schongauers für das Mysterium entblößt. Aber die grünen Augen mit dem ungewissen Blick, der große Mund mit dem beunruhigenden Lächeln, das Haar in den gelblichen Tönen des alten Goldes, der ganze Kopf widersprachen der Frommheit des Körpers."

*Der Dandy als elegante Selbsterektion, aus dem „Schließmann-Album", um 1880*

Péladans Heldinnen widerum wünschen sich bei Männern leuchtende Brustwarzen, volle Lippen und einen Körper, der in überirdischer Nacktheit strahlt. Der Dichter ortet aber auch bei den männlichen Frauen den instinktiven Hang zur männlichen Grausamkeit.

„Sie umschlang ihn mit ihren Armen. Mit den Kräften der in Erregung geratenen Frau hob sie ihn hoch und preßte ihn auf sich nieder und umklammerte ihn, wie wenn sie der vergewaltigende Mann wäre ... In den Gemächern der Frauen wie in den Folterkammern verspürt man gleicherweise die Ausdünstung des Fleisches ... Das Werkzeug der Wollust und seine Emanationen gleichen in erstaunlichem Maße den Folterinstrumenten mit ihren Ausdünstungen ... Wie wenn eine Heilige bei der Vergewaltigung durch Antinous nicht mehr litte, als wenn man sie auf einen glühenden Pfahl spießte?"

Doch bei aller mystischen Schwüle der Schilderungen und sexuellen Zwangsvorstellungen gelingt Péladan gelegentlich auch ein trockenes Urteil: „Der Androgyn: Folge der Impotenz; die Tugend: Folge der Schwäche! Impotent oder zumindest unzulänglich."

Viele Kritiker des Fin de siècle nannten daher diese fieberhafte und hysterische Exaltiertheit die „Krankheit des Jahrhunderts".

## Dandy, Dildo, Décadence

„Leben? – Das besorgen für uns die Dienstboten" läßt Villiers de l'Isle Adam einen seiner Protagonisten sagen. Das Leben sei viel zu banal und zu bewegt, als daß man dabei eine elegante Haltung bewahren könnte. Also muß es wie eine lästige und niedere Dienstleistung abgegeben werden.

Der klassische Dandy als Künstler der erhabenen Selbststilisierung ist der würdevolle König in seinem eigenen Reich der Ästhetik. Hochgestellte Persönlichkeiten bewegen sich bekanntlich immer langsam und gemessen – Schnelligkeit ist unelegant.

Der Dandy, so wie ihn die Fachliteratur zu charakterisieren trachtet, kennt keine Hast und keine Unterordnung unter die rasende Zeit. Er ist daher das unbewegliche Monument seiner selbst: Zeit ist für ihn keine Arbeitszeit.

Zeit ist für ihn distanziertes Verharren, ja denkmalhafter Stillstand. Und ein Denkmal will wie ein wertvolles Stück gepflegt sein. Es steht unter einer unsichtbaren Glasglocke, und diese Glasglocke ist für den Dandy Zeichen seiner Unberührbarkeit. Er lebt als Unzeitgemäßer gegen die Zeit.

Diese ihm eigene Macht verschafft ihm einen kühlen, berechnenden Sexappeal.

Denn: Der Dandy ist seine eigene Dauererektion. Würdevoll und steif schreitet er einher – Sinnbild dekadenter Erotik. Er will in seiner ästheti-

*Gabriele D'Annunzio: Der Dichter als Musenhengst, Zeichnung von Moses Ephraim Lilien, um 1905*

schen Potenz standfest bleiben. Keine Emotion soll ihn zu einem unberechenbaren oder gar ungestümen Orgasmus der Seele bringen – unweigerlich würde sein Gemüt weich, mitleidig, schlapp werden. Nichts soll ihn aus seiner selbstgewählten Ruhe bringen – und diese Ruhe ist nicht gemütlich, sondern angespannt.

Er ist Herr über Zeit, Raum und Emotion.

Der Dandy ist als ästhetischer Narziß in sich selbst und seine modische Erektion verliebt. Er liebt vor allem sich selbst, um unabhängig zu sein.

„Lebe wie vor einem Spiegel" ist das masturbatorische Motto dieses hochgezüchteten Ichs. Baudelaire sagte: „Der Dandy muß ununterbrochen danach streben, erhaben zu sein. Er muß leben und schlafen vor einem Spiegel." Die Figur des eregierten Dandys verkörpert also eine passive, verhaltene Aggression. Sein aufrechter Gang, sein fester Körperpanzer dienen als modisches Schutzschild und als phallische Waffe.

Der Erektion seiner Gestalt entspricht sein eregiertes Denken: spitz, scharf, unbeugsam. Natürliche Sexualität und primitive Lebensfreude öden ihn als animalischer, dynamischer und verletzlicher Restbestand der plumpen, realen Welt an. Er zieht das Artifizielle und Preziöse gewissermaßen als harte Edelsteine seiner Gesinnung den schwammigen und gestaltlosen Turbulenzen des Alltags vor.

Um standhaft zu bleiben, verwandelt er sich in seine eigene ästhetische Prothese, die ihn wie mit einem übergestülpten Penisring steifbleiben läßt – und der edle Spazierstock wird dabei zu seiner Verlängerung!

Auf diese Weise wehrhaft gerüstet, betritt der klassische Dandy das gesellschaftliche Parkett: als der letzte Ritter vom Orden der Groß-Zyniker. Er pflegt seine Eitelkeit und bringt sie sprachlich und körperlich auf Hochglanz.

Kunstvolle Rhetorik will durch geschliffene Sprache beeindrucken, will den Widerstand des Gegenübers brechen, will in den anderen eindringen, ihn mit Worten anfüllen, ihn vielleicht wie mit einer edlen Waffe aufspießen. Dort, wo die Wortkunst nicht nur für sich selbst gedacht ist, sondern zur Gesellschaftskunst wird, muß sie ein edles Werkzeug, ein beeindruckendes Vehikel sein. Man sagt dem Dandy ja immer Selbstzweck und l'art pour l'art nach. Es stimmt nur bedingt: Er lebt in einer privaten Revolte und pflegt eben deshalb eine ausgefeilte Wirkungsästhetik. Er will die Normalität sprengen.

Der Dandy fuhr bei einem Besuch nicht nur stilgerecht mit seinem edlen Pferdegespann vor. In seinen Gesprächen fuhr er ebenso prächtig vor, allerdings mit einer stilgerechten Sprachkarosse!

Im Falle der Wortkunst besitzt er also ein Werkzeug, ein repräsentatives, stilistisch hochpoliertes Gerät, das erotisch überzeugen soll. Mit einem Wort: Die Rhetorik ist sein Dildo. Ja, der Dandy ist das mediale Befriedigungsgerät im Säftetausch der Worte.

Mit Hilfe dieses ästhetischen Godemichés erschafft sich der Dandy seine von ihm dominierte Gesprächsatmosphäre als ein erotisches Klima des Gebens und Nehmens. Da ähnelt er dem Causeur.

In einem intensiven Dialog wird ja bereits das Du als Gegenüber relativ intim angegangen und vereinnahmt. Schon ein fortgeschrittener Flirt (nichts anderes als Augensex und Wortbegattung) ist irgendwie ein sublimierter Koitus: Die insistierenden Worte können daher wortwörtlich auf fruchtbaren Boden fallen. Der unsichtbare sexuelle Charakter einer Rede hat immer schon das phallische Imponiergehabe wortgewaltiger Dichter hervorgehoben. „Dandy" kommt etymologisch von to dandle, tändeln oder hätscheln.

Mit einem Wort: Der Mund ist das Fortpflanzungsorgan der Laute und des Wortsinns. Und das Ohr ist es, das wie ein passives Gefäß empfängt.

Hat nicht Maria den Heiligen Geist durch das Ohr empfangen und wurde dabei von ihm begattet?

Der Dandy als selbsternannter Ästhet des 19. Jahrhunderts versucht also mit künstlichen Wortdildos aus gedrechselten Senztenzen zu überzeugen und zu beeindrucken. Mit diesem verbalen Schmuckgebilde wird er das Publikum provozieren, bezaubern und verführen: Das Erscheinungsbild des Dandys und seine Sprache treten stets gemeinsam auf!
Bestes Beispiel dafür ist Oscar Wilde. Allerdings vertrat er keineswegs den eiskalten und distanzierten Typus des klassischen Dandys, sondern den sozialkritischen, geistreichen Salonlöwen der Aperçus und Bonmots: „Wichtigstes Gebot ist es, das Leben mit artistischem Raffinement zu führen. Das zweitwichtigste hat bisher noch niemand feststellen können."
Wilde, der, groß und korpulent, mit der Sonnenblume im Knopfloch, die Gesellschaft bezauberte, sein Stück „Der ideale Gatte" dem bereits erwähnten Erotomanen Frank Harris widmete und mit dem „Bildnis des Dorian Gray" berühmt wurde, scheiterte nicht so sehr an seiner Exzentrizität als vielmehr an der rigiden Normalität seiner Umwelt. Liebender Familienvater, bewegte er sich mit Vorliebe in homosexuellen Kreisen und würzte sein eigenwilliges Privatleben mit der päderastischen Liebe zum jungen Lord Alfred „Bosie" Douglas. Der diesbezügliche Prozeß brachte ihn bekanntlich ins Gefängnis und zerbrach ihn.
„Ich kann nicht ohne die Atmosphäre der Liebe leben; ich muß lieben und geliebt werden, ganz gleich, welchen Preis ich dafür zahle."
Bereits mit seinem Stück „Salomé", dieser Geschichte einer angeblich perversen Prinzessin, die nicht ins Mädchenideal der viktorianischen Zeit passen wollte, handelte er sich beim englischen Publikum und beim Lordkämmerer als Zensor Empörung (und Verbot) ein. Er traf den Zeitgeist und die wunde Stelle einer Epoche, denn das grausame und dämonische Weib als männerverschlingender Vamp sollte zum Wappentier der Décadence werden. Dabei brauchte man lediglich zu den alten Mythen des klassischen Altertums mit seinen grausam-rätselhaften Frauengestalten greifen: Harpyien, Sirenen, Gorgonen, Sphingen. Natürlich durften biblische Gestalten wie Lilith oder Judith oder gar historische wie Kleopatra fehlen. Im Hintergrund schweben immer „Hexe" und „Kurtisane". Alle nahmen sich ihrer an: Heine, Hebbel, Flaubert, Sacher-Masoch, Wedekind, Huysmans, Baudelaire, Swinburne, E. A. Poe, Dörmann, Gautier, Hofmannsthal, Schaukal, Ewers, D'Annunzio etc.
Im Vamp erblickt der (weiche) Mann nicht nur die Projektion seiner Ängste, sondern erfährt auch, daß die (harte) Frau „männliche Kraft und Grausamkeit" besitzen kann. In lesbischen Beziehungen ist die dominierende Rolle des männlichen Parts von entscheidender Bedeutung.
Die Homosexualität blieb im 19. Jahrhundert ja keine bloße Männersache. Nach 1830 machte bereits George Sand die Sappho salonfähig, Baudelaire besang „Lesbos", Swinburne und Verlaine widmeten der lesbischen Libertinage Gedichtzyklen, Jules-Robert Auguste wurde zum Maler der lesbischen Liebe, und am Ende des Jahrhunderts etablierte sich in Paris an der Place Pigalle das berüchtigte Lesbenlokal „Rat Mort", in dem auch Künstler wie Toulouse-Lautrec nur allzugerne verkehrten, um sich an den dandyistischen Mann-Weibern in ihren Hosen und Fräcken zu ergötzen.
Auch der italienische Dichter Gabriele D'Annunzio, dieser überzeugte Sexist, Snob (begriff nicht, daß er als Übermensch Steuern zahlen sollte), Modenarr (sein Kleidungsarsenal wurde vor einigen Jahren im Palazzo Pitti in Florenz öffentlich vorgeführt), Dandy (Vorbild: Lord Byron), Verschwender (täglich drei Hemden und ein halber Liter Parfum), Abenteurer (passionierter Flieger, Eroberer von Fiume!) und unermüdliche Frauensammler, beschwor in seinem gesamten Werk immer wieder das „grausame Weib" in seinem betörenden Reiz einer wahrhaft teuflischen Verführung. Sein Werk strotzt nur so von bleichen Gorgonen, geilen Giftmörderinnen, wilden Stuten, verbrecherischen Sünderinnen, preziösen Kurtisanen und skrupellosen Ehebrecherinnen – allesamt durch schwüle Lüsternheit erb-

*„Animal Triste", Illustration von Moses Ephraim Lilien zu D'Annunzios gleichnamigem Gesang, 1904*

*Szenenbild aus einem erotischen Privattheater, 18. Jahrhundert*

lich belastet und stets bis zur Erschöpfung auf fleischliche Lust fixiert. Hier schlägt die schwelgerische Sinnlichkeit Italiens durch, denn die vom Wortkaiser D'Annunzio plagiierten Vorbilder wie etwa Flaubert, Materlinck oder Swinburne schrieben in Hauptsache das erotische Unglück auf ihre Fahnen. Beim italienischen Dichter ist es lediglich oft ein hoher Preis, den man für die dämonische, aber doch wunderschöne Amour zahlen mußte: Wahnsinn, Verstoßung und schmerzliche Selbsterkenntnis. Er selbst glaubte nicht an den Liebesschmerz der Frau.

Kein Wunder: Der Bonvivant D'Annunzio verausgabte sich für die göttliche Duse und andere (Barbara Leoni, Maria Gravina, Alessandra di Rudini u. a.) in Wort und Tat. Der Meister sparte nicht, daher mußte er auch seine Villa Capponcina mit seinen 200 Tauben, 38 Windspielen und acht Pferden versteigern lassen und vor den Gläubigern ins Ausland fliehen.

Trotzdem blieb er weiterhin ein Renaissancefürst. Er überstreute seine Begleiterinnen mit roten Rosen und soll in seinen erotischen Kalbslederslippern (mit Laschen in Form roter Penisse) die Damen in wilde Schwärmerei versetzt haben – ein Nachthemd mit goldumstückter Kreisöffnung unterhalb des Bauchnabels gab ihnen den Rest.

Älter geworden, zog sich der kleinwüchsige, einäugige und fast zahnlose „Held der Herzen" an den Gardasee nach Gardenone Riviera zurück und widmete sich nun als „Einzelgänger der Extase" in seiner pompösen Parkanlage des „Vittoriale" einer neuen Form der Erotik: der Gartenkunst und des Erinnerungskultes. Der Dandy lebt nicht nur, er stirbt auch vor einem Spiegel.

## Kleine Kulturgeschichte der Orgie

„Nun sitzt ihr da, so blöd und gottverlassen,
so stieren Blicks, als könntet ihr's nicht fassen.
Sind eure Hosen etwa voller Samen
– wie mich die Fut juckt –, weil ihr keine Damen habt.
Seht nur wie mein Fötzchen schäumt und klaffet,
weil ihr verspritzet euren schönen Saft.
Nach strammen Burschen trag ich nun Verlangen,
die mit begeiltem, steifem Schwanz behangen.

In Vögelstimmung könnt ihr mich jetzt sehn.
Kommt Hurensöhne – warum zögert ihr? –
und opfert eure süßen Schwänze mir.
Die beste Fut sei euch nur gerade gut.
Kommt dutzendweis in meine geile Fut;
ich fick mit jedem, der es kraftvoll tut."

Jenes Stück pornographischer Weltliteratur ist der Epilog der Fuckadilla aus dem Bühnenstück „Sodom" des bereits zitierten John Willmot, zweiter Earl of Rochester, 1684 erstmals in englischer Originalfassung in Antwerpen erschienen. Heute ist – sehr zum Leidwesen der Anglisten – nur mehr eine deutsche Nachdichtung zugänglich, das englische Original liegt nach wie vor in einer Londoner Bibliothek unter Verschluß.

Der Earl of Rochester gilt nicht nur literarisch als einer der wesentlichen Ahnherrn der neuzeitlichen Orgie, sondern er war auch ein Praktiker von hohen Graden. Schon als Student nahm er an wüsten Orgien teil, raubte Frauen, verführte und schändete sie und schickte sie schließlich zwecks Aufbesserung der herzoglichen Finanzen auf die Straße.

Zurück zum Stück: Während Fuckadilla in Erwartung des Generals „Wach auf strammer Schwanz und laß die Eier Samen geben" singt, tanzt ein Ballett. Die Regieanweisung lautet: „Sechs nackte Männer und Frauen schlingen einen Reigen. Die Männer bedienen der Frauen Votzen, die sie oft küssen und zärtlich betrachten. Die Weiber spielen mit der Männer Schwänze und küssen und filzen die Hoden. Dann vögeln die einzelnen Paare. Nach dem Beischlaf seufzen die Frauen, während die Männer einfältig dreinschauen und davonschleichen."

Der deutsche Erotologe Arthur Maria Rabenalt kommt bei der Analyse des Stücks zum Ergebnis, „daß den darin ausgeübten Geschlechtspraktiken durchaus die technische Möglichkeit einer Realisierung gegeben ist, wenn auch unter gewissen Schwierigkeiten (Erectio, Pollutio etc.)".

Im Epilog des erwähnten Dramas hält – kein Zufall in England – die Hofdame Cunticula eine Brandrede pro Heterosexualität:

„Kann denn das Arschloch bei der höchsten Glut
euch so begeilen wie die heiße Fut!
Darf noch die Hand den höchsten Lüsten fröhnen?
Nein, nur die Votze soll den Penis krönen!
Sagt, ob der Arsch mehr als die Votze beut,
sagt, ob nicht diese mehr den Schwanz erfreut?"

Die Frage war im England des 17. Jahrhunderts topaktuell, denn schon damals gab es einige Homosexuellen-Clubs, deren erster nachweislicher der „Mollies Club" war. Edward Ward schreibt 1709 in seiner „History of the London Clubs" vom lustigen, fast familiären Treiben in jenem Club: „Es gibt eine besondere Rotte von Kerlen in der Stadt, die sich ‚Mollies' (Weichlinge) nennen und die so sehr allen männlichen Betragens bar und aller männlichen Kraft beraubt sind, daß sie sich lieber für Weiber halten und alle kleinen Eitelkeiten nachahmen, welche die Sitte dem weiblichen Geschlecht beilegt. indem sie ganz nach Art der Weiber sprechen, gehen, schwatzen, schreien, schelten und sonst weibliches Gebahren nachäffen. In einer gewissen Taverne der City ... haben sie feste und beständige Zusammenkünfte ... Dort verkleiden sie einen ihrer Brüder oder vielmehr ‚Schwestern' (nach ihrem weiblichen Jargon), indem sie ihm ein Nachtgewand anlegten und eine Taffett-Haube aufsetzten, damit er eine Frau darstelle und ein (zu diesem Zwecke vorhandenes künstliches) Kind gebäre, das nachher getauft wurde, während ein zweiter Mann mit einem großen Hute als Landhebamme, ein dritter als Amme fungierte und alle übrigen die unziemlichen Gäste einer Taufe bildeten ..."

*Zarin Katharina II. mit ihrem erotischen Hofstaat: Züchtigung der untreuen Kammerjungfer, Illustration von Gottfried Sieben, um 1905*

*Abbildungen Seiten 86 und 87: Kostüme eines Pariser Künstlerballs, um 1910*

Die Marktnische Orgie erkannte auch die gebürtige Genueserin Teresa Cornelys – ursprünglich eine Sängerin –, die 1760 in London das „Charliste House" eröffnete, einen Lusttempel der besonderen Art. Jedes Jahr veranstaltete Madame Cornelys je zwölf Bälle für den Adel und die bürgerliche Gesellschaft, die ein zeitgenössischer Bericht folgendermaßen schildert: „Bei diesem Balle erschienen viele schöne und vornehme Frauen in Masken, sonst aber in puris naturalibus. Eine Musikkapelle spielte zum Tanz auf, und ein kaltes Buffet sorgte für Erfrischungen. Nach Beendigung des Tanzes wurde pötzlich der Saal verdunkelt und zahlreiche Sofas dienten der nun folgenden geschlechtlichen Orgie."

Sogenannte „Tahiti-Feste" veranstaltete – gleichfalls in London – eine gewisse Charlotte Hayes. Hauptdarsteller ihrer legendären Feste – nach dem Muster öffentlichen Liebemachens junger Tahitianer und Tahitianerinnen (mit aufmunternden Ratschlägen der Alten und Weisen) – waren „zwölf schöne Nymphen, fleckenlose Jungfrauen", denen zwecks Beendigung dieses Zustandes zwölf atletische Burschen zugeführt wurden.

Im pseudoreligiösen Grenzbereich sind jene französischen „Orden" des 18. Jahrhunderts anzusiedeln, die nur dem einen Zweck dienten. Uneingeschränkter Liebesgenuß war oberstes Gebot etwa beim Orden „Chevaliers et Nymphes de la Rose". Die Großloge der Mitglieder befand sich in einem Bordell in Paris. Aufnahme fanden nur außerordentlich potente Männer und „Nymphen in dem Alter, da man gefallen und geliebt werden soll". Der Logenraum hieß „Liebestempel". Während ihrer Treffen trugen die Ritter Myrtenkronen, die Nymphen Rosenkronen – und sonst nichts.

Aus je 90 männlichen und weiblichen Mitgliedern bestand der „Ordre de la Persévérance", der „Orden der Glückseligkeit", dessen Mitglieder sich alle zwei Wochen zu sexuellen Wettbewerben trafen. Die strenge Hierarchie innerhalb der Gemeinschaft orientierte sich an der Ausdauer des einzelnen: die Zahl der Ejakulationen und die Zahl der Männer, die eine Frau befriedigen konnte.

Wie bei seriösen Orden auch, dauerte in diesen Fällen die Mitgliedschaft ein Leben lang, sofern man sich nichts Gravierendes zu Schulden kommen ließ, in dieser speziellen Werteskala z. B. schlapp machte. Dabei waren die Anforderungen nicht gering. Ein weibliches Mitglied des Ordens der „Aphroditen" etwa – sie hatte schon ihr 20jähriges Mit-Glieds-Jubiläum hinter sich und führte genauestens Buch über ihre mannigfaltigen Beiwohnungen – hatte ein rekordverdächtiges Leistungspensum hinter sich: zwei Onkeln, zwölf Cousins, 47 Neger, 93 Rabbiner, 117 Kammerdiener, 119 Musiker, 272 Prinzen und Prälaten, 288 Bürgerliche, 342 Finanzleute, 420 Herren der Gesellschaft, 439 Mönche, 929 Offiziere und 1614 Ausländer.

Auch die Deutschen waren keine Kinder von Traurigkeit. Gegen Ende des 18. Jahrhunderts veranstaltete Gräfin Wilhelmine von Lichtenau in ihrem Berliner Palais Unter den Linden kleine Singspiele mit eindeutigem Inhalt, deren willige Hauptdarstellerin oft die Gräfin selbst war. Nach dem Ende der Vorführung zog man sich, um das Gesehene zu verinnerlichen, ins „Schwarze Kabinett" des Palais zurück.

Beliebt waren bei solchen Stücken aus dem Sagenschatz des klassischen Altertums entlehnte Jagdmotive, etwa ein gemeinsames Bad von Göttin Diana und ihren Nypmhen mit anschließendem Gruppensex mit sich als potente Jünglinge zu erkennen gebenden Jagdhunden, die, um am Spiel teilnehmen zu können, sich ihres Fells entledigten.

Zarin Katharina II. schrieb höchstpersönlich einige Kapitel der europäischen Orgiengeschichte. Noch im für damalige Begriffe hohen Alter von 60 Jahren veranstaltete sie „Petite Eremitage" genannte Schauorgien mit Mitgliedern des Adels, wobei ihr meist drei Kammerherren zugleich zu Diensten waren. Ihre verbürgten rund 1000 Liebhaber wurden vor Gebrauch von ihrem Leibarzt untersucht und von ihren Hofdamen vorgekostet.

Es versteht sich von selbst, daß trotz aller Intimität auf die Hofetikette nicht vergessen werden durfte. Ein zeitgenössischer russischer Satiriker beschrieb unter dem Pseudonym Fedor Pufferow so eine zeremonielle Hofvögelei, der die Zarin von ihrem Thron aus zusah: „... Auf ein Signal Katharinas hin wandten sich die Herren um und schoben ihr Glied – auch das verlangte die Etiquette – stehenden Fußes in die Scheide der mehr oder weniger zufällig gegenüberstehenden Dame. Wegen der oft sehr unterschiedlichen Größenverhältnisse war das bei manchen gar nicht so einfach. Trotzdem verlangte es die Hofetiquette, daß der Akt stehend durchgekämpft wurde, wobei die Damen allerdings fast ausnahmslos von ihrem Recht Gebrauch machten, den Kavallieren ihre prallen Hinterbacken entgegenzuhalten und somit a tergo ihren Speer zu empfangen. Vom Thron aus beobachtete Katharina diese sich allwöchentlich wiederholende Orgie der zuckend zustoßenden Hintern der Männer, der wippenden Brüste und schaukelnden Säckchen. Wenn sie auf die Spiegelplatten des Fußbodens blickte, konnte sie sogar den Stoß der Schwerter in die Scheiden mühelos verfolgen ..."

Bleibt ergänzend festzustellen, daß diese Art der höfischen Körperertüchtigung als Wettkampf ausgelegt war, den Sieger empfing die Herrscherin aller Reussen anschließend in ihren Gemächern mit dem Kommando „Weitermachen!"

Auch auf etwas niedrigerem gesellschaftlichen Niveau hatten Zirkel für freie Liebe in Rußland Tradition. 1905 wird in St. Petersburg die „Liga für freie Liebe" verboten. Die Mitglieder rekrutierten sich hauptsächlich aus jüdisch-intellektuellem Milieu, die Frauen waren zwischen 20 und 25 und die Männer zwischen 30 und 45 Jahre alt. Der Ausübung des eigentlichen Vereinszweckes gingen zunächst theoretische Diskussionen über Geschlecht und Gesellschaft voraus, anschließend wurde Alkohol gereicht, ein Bad genommen, und dann wurde es richtig lustig. Alles war erlaubt.

Eine Volksorgie in der Berliner Rotlichtszene schildert ein Wiener Privatdruck aus dem Jahr 1908. Eine bekannter Schriftsteller unter dem Pseudonym James Grunert ist der Verfasser. Schauplatz des derben Treibens ist ein Animierlokal fünfter Kategorie: „Eine der Kellnerinnen lag quer auf dem Tisch und ließ sich den Champagner in den Schlund zwischen ihren Beinen gießen. Eine andere, mit geöffneter Taille, aus der weich und schneeballig die dicken Brüste hervorquollen, kniete vor meinem Freund und bearbeitete seine Fahnenstange mit ihren großen Händen, während die dritte dem anderen Freund fast mit Gewalt die Hosen herunterzog, um ihre Zunge an der Reversseite seiner Persönlichkeit auf Reisen zu schicken ... Zu Ende der Orgie produzierten sich die Göttinnen in allerlei Künsten. Die eine, die sich den Champagner hatte hineingießen lassen, stellte sich mit gespreizten Beinen auf den Tisch, und wir mußten alle zuschauen, wie sie ihre Schamlippen ... auf- und zuklappte, so daß sie die Flüssigkeit, ganz wie sie wollte, herausspritzte, bald in sich zurückhielt. Eine andere nahm mit den Rändern ihrer Grotte einen auf die Tischkante gestellten Taler auf, und die dritte steckte sich gar den Hals einer Champagnerflasche hinein und hielt sie so fest ..."

Das alte Österreich war ein Land von überaus großer Vereinsdichte. Neben Vereinen der diversen Nationen, Turn- und patriotischen Vereinen gab es auch eine Reihe orgiastischer Vereine, frühe Swinger Clubs sozusagen, wie etwa im westgalizischen Krakau, der leider am 18. April 1912 von Amts wegen aufgelöst wurde. In einem Zeitungsbericht heißt es: „Die hiesige Polizei ist einer Gesellschaft auf die Spur gekommen, die seit längerer Zeit Nacktabende und unsittliche Orgien veranstaltete. Der Vereinigung gehörten etwa 300 junge Männer und 50 junge Mädchen, alle aus den ersten Gesellschaftskreisen, an. Die Gesellschaft hatte sich in der Stadt ein eigenes Haus gemietet, in dem die Exzesse begangen wurden. Zahlreiche Insassen hiesiger Mädchenpensionate sind in den Skandal verwickelt ... Das Abzeichen der Mitglieder bestand aus einer silbernen Spinne ..."

Schwul und schwülstig

*Gruppensex nach einem italienischen Nobelball, anonyme Illustration, um 1925*

Zum Schluß dieses kleinen Querschnitts durch 300 Jahre europäischer Orgiengeschichte noch ein Beispiel von Sexualkommunismus aus Deutschland. Der deutsche Erotologe Herbert Gerwig schildert in der Schrift „Halbwelt von heute" einen Vorläufer der Mühl-Kommune in den zwanziger Jahren: „Innerhalb des Genossenkreises herrscht Sexualkommunismus. Das Wahlrecht dabei bleibt der weiblichen Genossin. Aber die Logenräume stehen für inoffizielle Geschehnisse niemand zur Verfügung. Die Namen der Genossen werden auch untereinander nicht bekanntgegeben. Begegnen sich die Wissenden in der Außenwelt, so treten sie sich gesellschaftlich nicht anders gegenüber als anderen Menschen auch. Immerhin bestehen gewisse Zugehörigkeitszeichen. Das Alter der Genossen liegt zwischen dem 18. und 47. Lebensjahr ...

Vielfach sind die Genossen – nicht untereinander aber – verheiratet. Bei manchen steht indessen die Ehe, wiewohl sie nach außen zufrieden erscheint, schief. Bei anderen leben die Ehegatten dauernd oder stets für größere Abschnitte des Jahres getrennt. Einige halten – anscheinend – das Eheband geschlossen, ohne daß ihnen aber die Ehe Genüge bietet. Verwitwete, Eheverlassene, Anschlußlose, Vereinsamte ... Der Ursachen für diese Art des ausgleichenden Zusammenschlusses dürften noch viele andere sein. Niemand fragt jedoch danach. Ein Fall von Indiskretion hat sich noch niemals ereignet ..."

Kontinuität war übrigens Trumpf bei erwähnter Gruppe. Sie bestand mehr als dreißig Jahre.

*Lesbischer Umtrunk, Illustration aus einem französischen Privatdruck, um 1900*

# Geile Künste

## Erregungen zwischen Belle Époque und Jugendstil

"ie erschlafften Nerven suchen ihre Erholung in gesteigerten Reizen, in stark gewürzten Genüssen, um dadurch noch mehr zu ermüden; die moderne Literatur beschäftigt sich vorwiegend mit den bedenklichsten Problemen, die alle Leidenschaften aufwühlen, die Sinnlichkeit und Genußsucht, die Verachtung aller ethischen Grundsätze und aller Ideale fördern; sie bringt pathologische Gestalten, psychopathisch-sexuelle, revolutionäre und andere Probleme vor den Geist des Lesers; unser Ohr wird von einer in großen Dosen verabreichten aufdringlichen und lärmenden Musik erregt und überreizt, die Theater nehmen alle Sinne mit ihren aufregenden Darstellungen gefangen; auch die Bildenden Künste wenden sich mit Vorliebe dem Abstoßenden, Häßlichen, Aufregenden zu und scheuen sich nicht, auch das Gräßlichste, was die Wirklichkeit bietet, in abstoßender Realität vor unser Auge zu stellen."

Diese aus dem Jahr 1893 stammende Bemerkung von W. Erb zitiert Sigmund Freud 1908 in seiner Arbeit „Die kulturelle Sexualmoral und die moderne Nervosität". Wie ersichtlich, sind hier doch eher die naturalisti-

*Kunst & Eros: Die Poesie des Fleisches, Zeichnung von Félicien Rops*

*Die Zensur und die galante Presse: Die wahren Abenteuer sind im Kopf und anderswo, Karikatur, um 1890*

*Pan-Erotik, Ex Libris von Moses Ephraim Lilien, 1903*

schen Zumutungen mit ihren unverblümten Alltagsschilderungen angesprochen und mußten vom wohltemperierten Leser als regelrechter „Schmuddelsex" empfunden werden. Ohne Zweifel, sie wirkten in einer Atmosphäre des bürgerlichen Kultiviertseins wohl wie ein Schlag in die Magengrube des guten Geschmacks. Nicht umsonst nannte damals Friedrich Nietzsche den Menschen ein Wesen, das nur sehr wenig Realität erträgt.

Aber auch die symbolistischen Traumwelten, der schummrige Impressionismus, die schwüle Salonmalerei oder der elegant-laszive Jugendstil der Décadence nagten am sublimierenden Nervenkostüm des Industriezeitalters mit seinen unzähligen Verführungen. Wie sollte sich denn, so war die allgemeine Befürchtung, angesichts der zunehmenden Reizfülle, ja Überreizungen eine „Veredelung" des Lebens ergeben können?

*Sex and Crime im Geschichtsatlas I: Jüdische Salome, Illustration von Gottfried Sieben, um 1905*

Geile Künste

Wie sollten denn die sexuellen Triebkräfte in hehre Vaterlandsliebe, in treuen Anstand und in pflichtgemäßen Gehorsam umgemünzt werden, wenn allerorten im Stil von Arnold Böcklin ein wilder Pan mit seinem Hinterteil wackelte, verliebte Seejungfrauen sich in der Brandung suhlten oder geile Kentauren sich gewaltsam an Nymphen vergriffen? Wie sollte eine klare Alltagsmoral das bürgerliche Leben bestimmen, wenn sich Zeus in ewiger Verwandlung durch die gesamte Flora und Fauna koitierte und Franz von Stuck seine liederliche Sphinx in unzähligen Variationen an den Mann brachte? Was in der hohen Kunst eines Max Klinger noch psychologisch und mythologisch raffiniert komponiert wurde, sackte in der gängigen Salonmalerei zu verspieltem Historienkitsch ab. Haremsdamen und Sklaven schmachteten wollüstig in goldenen Bilderrahmen, antike und germanische Helden boten ihre nackten Körper unter dem Vorwand von Geschichtsepen an. Die flirrenden Sehnsuchtslandschaften eines Paul Gauguin zeigten als exotische Fluchtparadiese einmal mehr, daß nicht jeder am Fortschrittglauben der Jahrhundertwende seine Freude hatte und daß die banale Sinnlichkeit des Bürgers nur durch die freie Liebe von Südseeschönheiten zu ersetzen war.

*Sex and Crime im Geschichtsatlas II: Germanische Fredegunde, Illustration von Gottfried Sieben, um 1905*

# Die Freuden des Symbolismus

Zahlreiche Dichter und Künstler, die ursprünglich dem Realismus und Naturalismus nahestanden, wandten sich – angeekelt vom „schmutzigen Leben" gegen Ende des Jahrhunderts seinen sublimeren Ausdrucksformen zu. Böcklin flüchtete vor dem „Kunstgesindel" der Großstadt in die Einsamkeit Italiens – wie vor ihm schon die „Deutschrömer". Seine spätromantischen Farborgien verlegten die Sinnlichkeit gewissermaßen in eine „Philosophie des Heimwehs" nach dem „Goldenen Zeitalter". Daß Böcklin oder Hans Thoma eine ideale, wenn auch antikisierende Welt der „menschlichen Würde" erschufen, kam dem pathetischen Wilheminismus entgegen. Der lichtdurchflutete, gegenstandszersetzende Impressionismus bot ja keinerlei moralische Perspektive. Er setzte bloß auf Lebensfreude und die poetische Nacktheit von Sinnesdaten.

Aber den unterschiedlichen Stilrichtungen war eines gemeinsam: die Unzufriedenheit an einem problematisch gewordenen Geschlechtsleben. Es waren wieder einmal Sex und Erotik, die das kunstzerstrittene und nationalistische Europa einigten. Man könnte ruhig von einer grenzüberschreitenden „Eurotik" sprechen, gleichgültig, ob sie etwa im Gewand der Praeraffaeliten, Neoklassizisten oder Koloristen daherkam.

Selbst in der Musik dieser Zeit werden die unterschiedlichen Strömungen durch eine intensive Sinnlichkeit geeinigt, die bereits religiöse Dimensionen annimmt: Ob Bruckner, Wagner, Mahler, Berlioz oder Debussy – sie alle huldigen einem Orgasmus der Töne, angesiedelt zwischen den fließenden Klangströmen des Verismus und den schmerzlich-süßlichen Melodien einer musikalischen Kopulationsmystik.

Diesen musikalischen Umschlingungen entsprechen in der Bildenden Kunst immer häufiger dem lustvollen, ja fast zwanghaften Einsatz von Ornamenten. Sie sind keine bloßen Bildungszitate der Vergangenheit mehr, sondern entwickeln zu Ende des 19. Jahrhunderts ein regelrechtes Eigenleben. Ihr florales Wuchern erzählt von Verschlingung, Verschlungensein und Verstrickung – das botanische Synonym einer erotischen Obsession. Und so verwundert es auch nicht, wenn sich sowohl in symbolistischen Bildern als auch in Jugendstilgraphiken unzählbare Schlangen winden, seien

*Literatur und Flora, Buchschmuck, um 1900*

*Cunnilingus-Nippes, um 1880: Porno für den Bürger*

es Reptilien als Riesenpenisse, seien es Linien, die anzüglich ihre animalischen Leiber kringeln.

Die Sexualität, die noch kurze Zeit vorher recht ungeschminkt die Gesellschaft schockte (man denke an Zola!), verwandelte sich allerdings in der dekorativen „Stilkunst" in eine laszive, elegante und auch öbszöne Erotik. Der Körper versteckte sich nun in Metaphern: Der Penis mutierte zum Lilienstengel, die Vagina zur Purpurmuschel und die prallen Busen zu bleichen Äpfeln (daß übrigens der Lilienstab – wie ihn etwa Franz von Stuck als „Hoheitszeichen" einsetzt – ein altes Zeichen der Keuschheit sein soll, kann wohl nur Sigmund Freud erklären).

Das raffinierte Spiel von Verhüllen und Enthüllen konnte sich vor allem im Linienspiel des Jugendstils und des in der Künstlerschaft als „geil" empfundenen Japonismus ausbreiten. Geil war am Japonismus, daß er den Gegenständen die „Kleider des Realismus" vom Leib riß und das Fleisch durch nackte Linien bloßlegte. Nur so scheint der Siegeszug des suggestiven Jugendstils psychologisch erklärbar. Was der tuberkulöse und früh verstorbene Aubrey Beardsley mit seinem virtuosen Strich und in einer kurzen genialischen Aufwallung für Englands erotische Kunst leistete, das leistete Franz von Bayros längerfristig für den deutschsprachigen Raum. Der eine: tragisch im Banne von Venus & Tannhäuser, der andere, Bayros nämlich, im lasziven Garten der Aphrodite. Hat sich Bayros einem lebenslustigen Rokoko verschrieben, das auch das Pornographische nicht ausspart, begründet Beardsley eine Mode, die auch den satanischen Seiten der „schwarzen Romantik" Ausdruck verleiht. Das „Böse" wird zum ironischen Sujet der Décadence.

## Sehnsuchtserotik und morbider Sex

Von Anfang an ist die Kunst um 1900 in ihrer Erotik ambivalent: Sie preist auf fast sakrale Weise arkadische Unberührtheit und paradiesische Unschuld, gleichzeitig entfaltet sie das dunkle Reich der Femme fatale und die verbotenen Zonen der Perversität.

Der belgische Lithograph Félicien Rops, begeisterter Ruderer und Wanderer, blieb trotz seines Rufes als blasphemischer Bürgerschreck und trotz seines distinguierten Äußeren insgeheim ein deftiger Naturbursch am Rande des Dandysmus! Schon in frühen Jahren frönte er dem galanten Genre und verachtete jede Form von Zensur. Sein Leben lang zeichnete er Kokotten und Pornokraten, seine Leidenschaft galt dem Brechen von Tabus. Sexualmoral, Tugend und Kirche waren nicht seine Sache. Polemisch mischte sich in seine obszönen Bilder immer schon die Ironie, die Burleske, das Groteske. Seine Muse war die „Curieuse", und sein Modell entsprach niemals einer naiven Sinnlichkeit. Es war immer schon das synthetische, gestiefelte Sex-Geschöpf mit Mieder und keckem Blick. Sein Ideal fand er in der deminu, so daß Josephin Péladan schreiben konnte: „Selbstverständlich exzelliert dieser Maler der Perversität im deshabillée. Seine hochgerutschten Ärmel, seine Décolletierungen, seine Bänder um den Hals sind eine wunderbar bedeutungsvolle Erfindung", und er fügte später in einem Essay hinzu: „Der Mann ist von der Frau, die Frau ist vom Teufel besessen." Die Zeitgenossen haben dies sofort auf Rops Werk gemünzt.

Erotik schien Rops so widersprüchlich, daß er sie für immer aus der Amorettenheuchelei verbannt sehen mochte. Er brachte es auch zu wissenschaftlichen Ehren: Sigmund Freud benützte die „Versuchung des heiligen Antonius" von Rops für seine Theorie des Verdrängungsmechanismus. Rops arbeitete unermüdlich an seinem schlechten Ruf als diabolischer Frauenheld und Satyr. Für die „Vogue" schrieb Henri Detouche 1899: „Gott ist schließlich Mensch geworden – da hat der Satan wohl Rops werden können, die belgische Version."

> „Ich will die ganze Venus von Kopf bis Fuß haben. Ihr Gesicht genügt für Verwandte und Freunde, für Kinder und ihren Gatten, aber ihr Körper muß für Umarmungen bereit sein. Denn ich hoffe, daß Sie nicht zu diesen Narren gehören, die den Liebhaber auf den Kuß auf die Wange beschränken wollen, als ob die Frau eine heilige Reliquie wäre. Die Liebhaber können, wenn ich so sagen darf, alle unveröffentlichten Stellen und alle Erstausgaben für sich in Anspruch nehmen ... Die Frau ist jetzt für mich wie ein Buch. Es gibt eigentlich kein schlechtes Buch ... Wenn man Seite nach Seite umblättert, wird man sicherlich eine Stelle finden, die der Mühe lohnt. Seite nach Seite, lieber Freund, und ich bin ein langsamer Leser ... Es gibt nur eine Wissenschaft, Liebe; nur einen Reichtum, Liebe; nur eine Politik, Liebe; Liebe ist Gesetz und Gebot des Propheten."
>
> (Anatol France)

*Literatur und Fauna, Buchschmuck, um 1900*

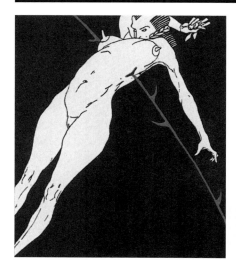

Wie anders war da ein Künstler aus dem fernen Galizien, der in Drohobycz geboren wurde, in Krakau studierte, nach Wien und München ging und schließlich in Berlin blieb: Ephraim Moses Lilien. Er verkörpert die helle Seite der Jahrhundertwende, weit weg vom „verruchten" Belgien, aber immerhin mitten im Zentrum der Münchner Bohème. Zwar illustrierte auch er einen Decadent, nämlich D'Annunzio, zwar huldigte auch er dem verführerischen Strich der Jugendstil-Erotik, aber er engagierte sich für eine idealistische Idee, den aufkeimenden Kulturzionismus. Mit den Illustrationen zu Börries von Münchhausens „Juda" wurde er bekannt, und mit seinen höchst erotischen, damals sehr modernen, Bibelillustrationen wurde er zur Ikone des ostjüdischen Jugendstils. Die Körpersprache seiner nack-

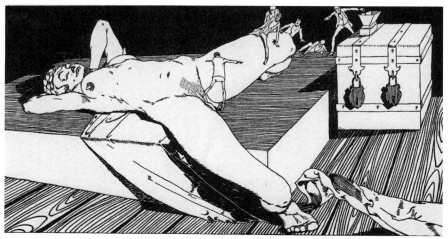

*Abbildungen Seiten 94 und 95: Das gemeinsame Ziel und Anderes, ein Zyklus erotischer Zeichnungen von Willi Geiger zu Texten des polnischen Décadance-Autors Stanislaw Przybyszewski. Bei der vorliegenden Publikation handelt es sich um eine Erstveröffentlichung des 1907 in einer Auflage von 100 Stück geheim hergestellten Privatdrucks. Das auf Japanpapier gedruckte Mappenwerk wurde vom damals 25jährigen Sohn Willibald des bekannten Druckereiunternehmers August Chwala in Wien ohne Wissen des Vaters produziert.*
*Die Druckerei Chwala gehörte zu den bevorzugten Druckereien der Künstler rund um die Wiener Secession, Kolo Moser entwarf auch um 1908 das Firmenlogo des Unternehmens.*

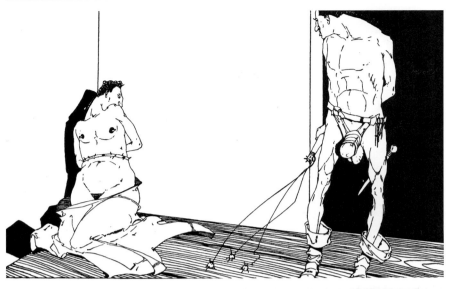

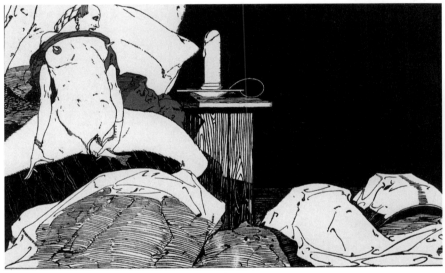

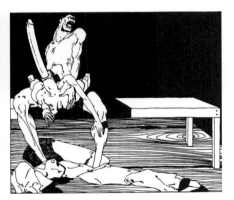

ten Figuren löste sich höchst dekorativ und sinnlich in den geschwungenen Linien auf. Er scheute sich auch nicht, masochistische Motive der Dichterin Dolorosa aufzugreifen und wurde als „Lilie" in einem frühen erotischen Gedicht der Else-Lasker-Schüler verewigt. Liliens Sinnlichkeit durchweht eine eigentümliche, märchenhafte Sehnsucht, die auch viele Künstlerkollegen wie Peter Hille, Erich Mühsam oder Stefan Zweig ansprach. In seinen eleganten, üppigen Zeichnungen schien es fast, als wollte er die Schönheit in Form weiblicher Formen nachholen, jene Schönheit, die er im armen, traurigen Galizien nicht kannte. Dieses Land, so hatte Stefan Zweig geschrieben, „ist ohne Schönheit". Lilien hat sie sich später auf seinen Reisen nach Palästina und Jerusalem erzeichnet.

## Die Lüste des Fin de siècle

Frankreich hatte in der Blütezeit seiner erotischen Literatur, nämlich im galanten 18. Jahrhundert mit seinen pornographischen Säulenheiligen wie dem Marquise de Sade, Rétif de la Bretonne, dem Abbé Brantôme, dem Marquis d'Argens oder dem Comte de Mirabeau, einen Großteil seines Pulvers verschossen und mußte sich bis zur ersten Hälfte des 19. Jahrhundert sichtlich erholen.

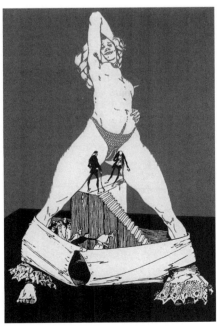

*Joséphin Péladan, Zeichnung, 1923*

Allerdings kompensierte man diese literarische Schwäche durch den erotischen Bildermarkt. Zeichner wie Poitevin, Monnier oder Gavarni brachten serienweise ihre pikanten Lithografien auf den Markt, indem sie gleich auch kräftig die kleinbürgerliche Lüsternheit mitkarikierten. Der kleine Mann freilich trieb nicht allzu lange auf dieser Hochflut handwerklicher Obszönitäten und wandte sich alsbald den massenhaften Errungenschaften der neuen Photographie zu. Hier konnte nun auch der lesefaule Bürger ganz ohne literarische Verbrämung seiner Schaulust frönen. Der ungeschminkte Naturalismus der Abbildungen blieb ihm keine nackte Wahrheit schuldig.

Für die klassische Kunst und Literatur bedeutete dieser real-pornographische Einbruch verkäuflicher Einzelbilder in die Gefilde bisheriger Buch-Erotik, daß sie mit Produkten überraschen mußten, die den Reizqualitäten der neuen Fotografie auf einer anderen Ebene ebenbürtig waren. Diese Gegenreaktion auf den trivialen, aber wirksamen Realismus löste daher einen Ehrgeiz unter Künstlern aus, das Reale auf phantastische Weise zu steigern.

Neben Schriftstellern wie Henry Gauthier-Villers, der sich als Pornograph schlicht Willy nannte und mit Romanen wie „Claudinens Schuljahre" oder „Annies Geständnisse" das Sexuelle höchst drastisch und in allen seinen Facetten zu schildern vermochte, engagierten sich auch hochangesehene Dichter der Décadence im Reich provokanter Erotik.

Barbey d'Aurévilly etwa erregte mit seinen „Les diaboliques" so großes Aufsehen, daß die sechs offenherzigen und ungeschminkten Geschichten in ihrer ersten Fassung auch wegen Unzüchtigkeit und Gotteslästerung nicht erscheinen konnten und der Dichter gezwungen war, die vorhandenen 480 Exemplare vernichten zu lassen. Heute zählt man sie zu den Meisterwerken französischer Literatur. Dieser Jules-Amédée Barbey d'Aurévilly wurde in intellektuellen Kreisen vor allem als Royalist, streitbarer Katholik und als der „Kronfeldherr der Literatur" bekannt, in seinem Daseinshunger freilich war er doch vor allem ein Erotomane – ähnlich wie der in seinem Liebesleben ebenso unersättliche Victor Hugo.

Ein Leben lang vom „Dämon des Fleisches getrieben", wie dies seine Biographen vermerken, liebte er alles Weibliche in allen nur erdenklichen Formen: Er konsumierte Verwandte, Loretten, Komtessen, Marquisen, Akrobatinnen und verliebte sich noch mit 75 Jahren rauschhaft in eine vierzehnjährige Debütantin. Nebenbei trank er täglich zwei Liter Calvados, Rum und Cognac, verehrte die Philosophie der Dandys und handelte zusätzlich mit religiösen Devotionalien und Meßgewändern. Ironisch moralisierend schrieb er im Vorwort zu seinem bekanntesten Hauptwerk, den „Teuflischen" (Les Diaboliques): „Wohlverstanden erheben sie mit ihrem Titel ... nicht den Anspruch, ein Gebetbuch oder eine Nachfolge Christi zu sein ... Unsittlich sind die Unempfänglich-Gleichgültigen und die Spötter. Nun, dem Autor dieser Erzählungen, der an den Teufel und seine Macht in der Welt glaubt, ist es damit ernst, und er erzählt sie den reinen Seelen nur, um sie zu erschrecken."

Und es gab genug reine Seelen, die sich gerne durch alles Abartige erschrecken ließen, um durch den vermeintlichen lüsternen Schmutz der Perversionen wie in einer Hölle gereinigt zu werden! Diese höllischen Vergnügungen der Leserschaft sicherten den Dichtern ihren düsteren Ruf als gesellschaftliche Außenseiter.

Auch ein anderer Décadent, nämlich Joris Karl Huysmans (1848–1907), ein Franzose holländischer Abstammung, heizte die Nachtseiten der Erotik an. Als Beamter im Innenministerium schrieb er seine morbiden Romane in den Dienststunden auf Kanzleipapier. Schon mit 36 Jahren verfaßte er ein nachtseitiges Kult-Brevier der Jahrhundertwende, nämlich „A rebours" (Gegen den Strich), erschienen 1884. Die ganze Palette von Hysterien, Laster, Verbrechen, Neurosen und abseitigen Begierden exemplifizierte er

*Aubrey Beardsley, Selbstbildnis*

an seinem anämischen und überspannten Anti-Helden Herzog Jean Floressas des Esseintes. Dieser Erbe ungeheuren Reichtums verachtet das vulgäre Leben im „großen amerikanischen Bagno" Europa und baut sich ein privates Reich esoterischer Künstlichkeit auf. Hier, in seinem Haus in Fontenay-aux-Roses, macht er die Nacht zum Tag, frönt dem Alkohol und anderen Delirien, lebt gewissermaßen in einem halluzinogenen Treibhaus der Träume, umgeben von Kunst und Klistieren.

Und während sich in den alten Gemäuern die Gedanken ihrer eigenen Erotik hingeben, gelang es einem Naturalisten wie Emile Zola, die gesamte Erotisierung der Umwelt herbeizuführen:

„Der Garten war es, der die Sünde gewollt ... Aus dem Parterre kamen wollüstige Blumendüfte, ein langes Flüstern, welches von der Hochzeit der Rosen, von den Liebeswonnen der Veilchen erzählte ... Die Wiesen erhoben eine tiefere Stimme, zusammengesetzt aus den Seufzern der Millionen Gräser, die die Sonne küßte ... Der Wald blies die Riesenleidenschaft der Eichen herüber ... während ringsumher die Äste sich heftig aneinander reiben. Und in dieser Paarung des Parkes vernahm man die stürmischen Umschlingungen in der Ferne, auf den Felsen, dort, wo die Hitze die von Leidenschaft geschwellten Steine platzen machte, wo die stacheligen Pflanzen in tragischer Weise liebten ..." (Die Sünde des Abbé Mouret).

In seinem Roman „Là-bas" (deutsch „Tief unten") widmete sich Huysmans ausführlich sexuellen Phantasien, indem er religiöse und schwarz-magische Perspektiven in die geschlechtlichen Ausschweifungen einflocht. In dem erwähnten Roman schildert er einen von Satyriasis Besessenen, der die ihn umgebende Natur nur mehr als einzige sexuelle Orgie wahrnehmen kann – verblüffend ähnlich wie Zola:

„Zum ersten Mal begreift er die Unsauberkeit im unbeweglichen Dasein der Wälder, entdeckt er die priapischen Feste im Leben des Hochwaldes. Hier erscheint ihm der Baum als lebendes Wesen, aufrecht, Kopf nach unten, eingegraben mit dem Haarschopf seiner Wurzeln, Beine gestreckt in die

*Jour fixe im Club der nackten Dichterinnen, Deutschland 1911*

*Joris Karl Huysmans, Holzschnitt von Felix Valloton*

Luft, gespreizt, verzweigt in immer neue Schenkel, die gleichfalls sich öffnen ... Dort hinwiederum scheint ihm der Schaft ein Phallus zu sein, der sich aufsteift und unter einem Rock aus Laubwerk verschwindet ... Dort ist zwischen diesen Beinen ein anderer Ast eingerammt in einer unbeweglichen Wollustkrümmung. Endlich gähnen, wo Äste sich gabeln, Löcher auf, Mündungen, um deren ovale Einschnitte die Rinde in Wulsten sich legt ... die Wolken schwellen zu Brustwarzen, spalten sich steißförmig ... streuen sich aus in breiten Ergüssen von milchigem Samen ..."

Und Huysmans ist auch einer der ersten, die das Sexuelle nicht bloß als triebhafte Natur, sondern auch im modernen Maschinenzeitalter selbst erkennen können: „Siehe die Maschinen an, das Spiel der Kolben in den Zylindern: Es sind in gußeisernen Julias stählerne Romeos ... Dies ist ein Gesetz, dem man huldigen muß, wenn man nicht entweder impotent oder heilig ist."

Und tatsächlich huldigten die italienischen Futuristen mit Marinetti an der Spitze einige Jahre später dem Sexkult der Maschinen und begründeten in ihrer Liebe zu den neuen technischen Wundern eine eigene Erotik der Geschwindigkeit, die den Prototyp des geilen Rennautos mit einem archäologischen Juwel der Antike, nämlich der geflügelten Nike von Samothrake, verglich.

## Dichters feuchte Träume

Für die deutsche Erotik hatte Goethe bereits im „Faust" vorgearbeitet, und da sich die Autoren des 19. Jahrhunderts stets auf den großen Genius bezogen, müssen sie doch wohl auch folgende Zeilen Satans aus den „Prolegomena zu Faust I" parat gehabt haben:

„Die Böcke zu Rechten / Die Ziegen zur Linken / Die Ziegen, sie riechen / Die Böcke, die stinken / Und wenn auch die Böcke / Noch stinkiger wären / So kann doch die Ziege / Des Bocks nicht entbehren (...) Für Euch sind zwei Dinge / Von köstlichem Glanz / Das leuchtende Gold / Und ein glänzender Schwanz / Drum weißt euch, ihr Weiber / Am Gold zu ergötzen / Und mehr als das Gold / Noch die Schwänze zu schätzen (...) Ihr Mägdlein, ihr stehet / Hier grad in der Mitten / Ich seh, ihr kommt alle / Auf Besen geritten / Seid reinlich bei Tage / Und säuisch bei Nacht / So habt ihrs auf Erden / Am weitesten gebracht!"

*Bukolische Erotik mit unschuldigen Lämmern, Buchillustration von Moses Ephraim Lilien, 1909*

Auch Gottfried August Bürger, der große Balladendichter, griff gerne in seine deftige Sprachkiste und reimte etwa „An die Feinde Priaps":

„Es knallet alles, was lebt,
Was in den Lüften schwebet,
Es knallet die ganze Welt;
Ein Mädchen von zwölf Jahren,
Mit zwanzig Stopelhaaren,
Der Fuchsschwanz schon gefällt."

Dann erzählt Bürger Begattungsfabeln aus dem Tierreich (Hasen, Bären, Elefanten) und aus der Mythologie (Juno, Diana, Merkur, Cupido, Charon, Pluto), um das Gedicht folgendermaßen zu enden:

„Bemerket diese Worte
Ihr Jungfern aller Orte,
Hört meine Lehren doch,
Verlaßt die samtnen Dinger,
Und steckt statt eurem Finger.
Den rechten Schwanz ins Loch."

Die deutschen Dichter pflegten in Anlehnung an die antiken „Carmina Priapeia" recht fleißig die priapische Tradition in ihrem literarischen Schaffen, und so sang sogar Johann Heinrich Voß, der berühmte Homer-Übersetzer, ebenfalls ein heftiges Lied „An Priap":

„Priap! Dir bau ich einen Tempel
Und vögle andern zum Exempel
Zwölfmal, den Altar einzuweihn;
Statt Gold soll kalter Bauer glänzen,
Und Votzenhaar die Tür umkränzen,
Mein Schwanz soll Hohepriester sein."

Wundert es da noch, daß selbst der große Romantiker Friedrich Schlegel erotische Sonette geschrieben haben soll, auch wenn seine Autorenschaft nicht hundertprozentig erwiesen scheint:

*Buchillustration von Franz von Bayros um 1910*

„So liegst du gut! Gleich wirds sich's prächtig zeigen,
Wie klug mein Rat. Ich schiebe meinen Dicken
In dein bemoostes Tor. Man nennt das ‚Ficken'.
Du fragst warum? Davon laß mich jetzt schweigen!"

Diese deftige Sprache der deutschen Klassiker wird sich freilich in der sensualistischen Literatur der Jahrhundertwende verlieren. An ihre Stelle tritt eine weihevolle Erotik, die den „Leib des Weibes" als sakralen Tempel einer schwärmerischen Sinneslust begreift. Auch in gewissen Gedichten Rainer Maria Rilkes, dieses notorischen Frauenverehrers, schlägt das Sexuelle recht schwülstig und symbolhaft in Naturmystik durch, wenn es heißt:

„Auf einmal faßt die Rosenpflückerin
die volle Knospe seines Lebensgliedes
...
Du hast mir, Sommer, der du plötzlich bist,
zum jähen Baum den Samen aufgezogen
...
Nun hob er sich und wächst zum Firmament

Schon richtet dein unwissendes Geheiß
die Säule auf in meinem Schamgehölze ...

Nun stoß ich in dich Stufe ein um Stufe
und heiter steigt mein Samen wie ein Kind.
Du Urgebirg der Lust ...
...
Da ich dir schrieb, sprang Saft
auf in der männlichen Blume
...
Fühlst du, da du mich liest,
ferne Zärtliche, welche
Süße im weiblichen Kelche
willig zusammenfließt?"

Und so redet er, beseligt von seinen metaphysischen Erektionen, weiter vom „Schooß als Gegen-Himmel", von „schooßblendenden Raketen" und schließlich von den „Säulen aus Entzücken".
Arno Holz, der eigenwillige Erneuerer der deutschen Lyrik, war in seinen frühen Werken, vor allem in den Theaterstücken, dem Naturalismus zugetan, entwickelte aber später eine sehr eigenständige Form von expressiven Jugendstiltexten, um schließlich und endlich – wenn auch ironisch – auf historische Formen zurückzugreifen. In seiner neobarocken Ode Jambica „Schäfer Daffnis" dichtete er recht frech und fröhlich (hier in einer gekürzten Fassung):

*Frühes Fernsehen:
Selbstbildnis mit Rahmen, um 1910*

„Die kleine Kloris wollte /
   oho!
daß ich sie küssen sollte /
   soso.
Das Mihder stund ihr offen /
   oho!
so hatt ich sie bedroffen /
   soso.
Im Lazz die beyde Schlehen /
   oho!
kunt ich ihr grade sehen /
   soso.
Darbey so kam mein Finger /
   oho!
ihr an die beyden Dinger /
   soso.
Sie waren prall wie Zwettschen /
   oho!
ich hub sie an zu knettschen
   soso.
Flinck glitt ich rischel-ruschel /
   oho!
In ihre Purpur-Muschel /
   soso.
Cupido wikkel-wakkel /
   oho!
Cupido hielt die Fackel /
   soso.

Arno Holz befreite die Erotik von ihrem schweren, weihrauchgetränkten Ton und sang regelrecht „arkadische" Lieder der Freude und des sexuellen Humors.
In der „Flördeliese", diesem „reizenden Poem der Jahrhundertwende" (Paul Englisch), heißt es:

„Unter Blumen auf der Wiese,
Ei, wie schlägt ihr Herz den Takt,
Unter Blumen auf der Wiese,
Liegt die schöne Flördeliese,
Auf der Wiese,
Splitternackt.
...
Scheint die Sonne, weht der Wind,
Lauter Dummheit träumt das Kind:
Gott, wo ist er nur geblieben,
Gummibusen Nummer sieben?
Seh ich wirklich? Seh ich recht?
Alles echt!

Gestern hat er wie verrückt
Mir einen Kuß aufs Knie gedrückt
...
Jubelnd spür ich seine Zunge,
Junge!
...
Ohne Hemd und ohne Strümpfe,
Ei wie schlägt mein Herz den Takt,
Bin ich nicht die schönste Nymphe,
Ohne Strümpfe,
Splitternackt?

## Die Bohème als Sündenpfuhl

Als man Oscar Wilde fragte, wie man am besten der Kunst dienen könne, sagte er: „Gründet Kaffehäuser!" Wien, München und Berlin nahmen diesen Ratschlag dankend an. Und so tummelten sich im Wiener Café Central die Künstler und Genies ebenso wie im Wiener Caféhaus Stefanie in München-Schwabing, dem „Café Größenwahn" oder im Berliner Café des Westens am Kurfürstendamm, das ebenso „Café Größenwahn" genannt wurde.
Größenwahn, so Karl Kraus, ist nicht, daß man sich für mehr hält, als man ist, sondern für das, was man ist. Und wer waren alle diese Leute, von denen

Wien schwärmte, von denen München in Karikaturen erzählte und von denen man in Berlin warnte? Erotiker des Wortes, Erotiker des Bildes, Erotiker der Musik, kurz: verrückt Liebende.

In München also, Ecke Amalien/Theresienstraße residierte neben dem mystischen Gustav Meyrink (Vorstand des Starnberger Radlerklubs), dem altösterreichischen Roda-Roda (billardspielend) und Eduard Graf Keyserling („Aussterben ist vornehm"), der Frauenfreund Frank Wedekind, der schon wegen seiner sittengefährdenden Theaterstücke („Frühlings Erwachen") und wegen majestätsverletzender Balladen und Brettl-Lieder (im Kabarett der „Elf Scharfrichter") in Festungshaft genommen worden war (sieben Monate). Peter Altenberg hielt auch hier notorisch nach jungen unschuldigen Mädchen Ausschau, Hans Heinz Ewers schrieb eben in der

---

### *Ode an die Freude*

*Henriette, schöner Götterfunken,*
*Du mit dem gekrausten Trumm,*
*Wir begraben wollusttrunken*
*Schwänze in dein Heiligtum!*
*Deine Vettel plättet nieder,*
*Rauh vom Tripper, jeden Hanns,*
*Jeder Matte stehet wieder,*
*Bauer fließt von jedem Schwanz.*

*Chor: Seid gevögelt, Millionen!*
 *Diesen Stoß der Hurenwelt!*
 *Brüder, in der Votze Zelt*
 *Muß ein Langhanns immer wohnen!*

### *Die Bürgschaft (Auszug)*

*Zu Alzieden, der Sauberen, schlich*
*Mörös, den Godmich in Händen;*
*Ihn schlugen die Häscher in Banden.*
*Was wolltest du mit dem Ding da, sprich?*
*Entgegnete der Vater, der Wüterich.*
*„Dein Mädel von der Unschuld befreien!"*
*Das sollst als Kastrat du bereuen.*

*Ich bin, spricht jener, zu kastrieren bereit,*
*flehe nicht um die Hoden, mein Leben;*
*Doch willst du Gnade mir geben,*
*so bitt' ich dich um drei Tage Zeit,*
*Bis ich gevögelt die Adelheid;*
*Meinen Freund will ich dir herführen,*
*Ihn kannst du, entrinn' ich, buserieren.*

*Da lächelt der Vater mit arger List,*
*Und spricht nach kurzem Bedenken:*
*Drei Tage will ich dir schenken;*
*Doch wisse, wenn sie verstrichen die Frist,*
*Eh' du zurück mir gegeben bist,*
*So muß mich sein Arschloch ergötzen,*
*Und ging es dabei auch in Fetzen.*

 *Aus: „Sanitätsgefreiter Neumann*
 *und andere ergötzlich unanständige Verse"*

---

Geile Künste

Sehnsucht nach dämonischen Frauen seine abgründige „Alraune", und schon kamen eben diese Damen herein: Mechthild Fürstin Lichnowsky (pfeifenrauchende Geliebte von Karl Kraus) und Franziska Gräfin zu Reventlow, eine berüchtigt freie, liebeshungrige, ja mit maßloser Liebesbessenheit geschlagene Frau, die sich „unbedenklich den Launen ihres sinnlichen Begehrens hingibt" (Erich Mühsam).

Hier herrschte nicht nur Georg Hirths Zeitschrift „Jugend", hier herrschte auch Dichterfürst Max Halbe (berühmt geworden durch sein Drama „Jugend").

Für Berlins Café Größenwahn kann man Herwig Walden sprechen lassen: „Dort, wo die Joachimstalerstraße den Kurfürstendamm schneidet, haben sie den Sitz der Hölle aufgeschlagen. Noch rasch vor seinem Tod hat Messel das Café erbaut und Cassirer hat die Wände mit Klimtschen Satanswerken ringsum behängt ... Scheu und geängstigt hastet der schlichte Bürger am Höllenpfuhl vorbei ... Tief im Inneren haben sie dämonische Gestalten sitzen sehen ... Männer mit langen Haaren ... sezessionistischen Socken und alkoholfreien Unterhosen leben sich aus. Drücken sich bedeutsam in Sofaecken ... und bringen durch ruchloses, dekadentes Kaffetrinken die deutsche Kunst an den Rand des Abgrunds ... Krachend fliegen die Tagesblätter in die Ecken. So vergeht der Tag, bis abends die große Orgie der täglichen modernen Nacht beginnt ..." Es ist das nächtliche Lyrik-Reich der glutäugigen und extravaganten Else Lasker, die sich Prinz von Theben, Jussuf, Tino von Bagdad, der schwarze Schwan nannte. An ihren Geliebten Gottfried Benn (der ihr vollkommene Hemmungslosigkeit attestiert) schrieb sie:

„Ich raube in den Nächten
Die Rosen deines Mundes
Daß keine Weibin Trinken findet"

und fügt in ihrem Küßwahn ohne Moral, Scham und Grenzen andernorts hinzu:

„Du! wir wollen uns tief küssen –
Es pocht eine Sehnsucht an die Welt,
An der wir sterben müssen."

Tatsächlich: Der Weltkrieg tötet das alte München, tötet das alte Berlin.

*Literarisches Tabuthema Tierliebe, Federzeichnung von Max Fröhlich, 1908*

# Im Reich der Sklaven

## Sado-Masochismus zwischen Zuckerbrot und Peitsche

*Leiden schafft Lust: Sie wird gepeitscht, Kupferstich, 18. Jahrhundert*

tellt man die nationale Psyche Frankreichs jener Österreichs gegenüber, so muß man sagen: Es ist kein Zufall, daß der Sadismus in Frankreich und der Masochismus in Österreich „erfunden" wurden. Ersterer wurde nach Donatien Alphonse François Marquis de Sade (1740–1814) benannt, letzterer nach Leopold Ritter von Sacher-Masoch (1836–1895). Schwer zu sagen, ob der „Göttliche Marquis" damit einverstanden war, daß sein Name mit einer bestimmten sexuellen Neigung in Zusammenhang gebracht wurde, es ist aber anzunehmen, kreist doch sein literarisches Werk ausschließlich um dieses Thema. Sacher-Masoch jedenfalls empfand es als Rufschädigung, als der Begriff erstmals 1886 vom deutschen Psychiater Richard Freiherr von Krafft-Ebing in seiner „Psychopathia sexualis" verwendet wurde. Lieber hätte es Leopold Sacher gesehen, als Autor zahlreicher belletristischer Werke, Reisebilder und Dramen in die Literaturgeschichte einzugehen. In dieser Hinsicht teilte er das Schicksal des Freiherrn Adolph Knigge, gleichfalls ein äußerst fruchtbarer Schriftsteller, von dem aber nur das berühmte Benimm-Büchlein die Zeiten überdauerte.

Freilich: Leopold von Sacher-Masoch – sein Vater, der grausame Polizeidirektor im galizischen Lemberg, nahm den kleinen Poldi öfters zu öffentlichen Auspeitschungen mit – liebte schon als Kind Bilder von Hinrichtungen, und die Sommerferien verbrachte er auf einem gräflichen Schloß, dessen Herrin ihre Liebhaber mit der Peitsche zu traktieren pflegte. Von diesen frühkindlichen Eindrücken über sein Verhältnis mit Baronin Fanny Pistor und seine Ehe mit Aurora Angelika Rümelin zum Kultbuch „Venus im Pelz" war es nur ein folgerichtiger Schritt. Mit genannten Damen schloß Sacher-Masoch einschlägig-schmerzvolle Verträge und Aurora Rümelin nahm sogar den Namen „Wanda" an, der Heldin von „Venus im Pelz".

De Sade, Zeitgenosse an der Zeitenwende zwischen Bourbonenlilie und Revolutionstricolore, verbrachte rund die Hälfte seines Lebens hinter Gittern, teils in Gefängnissen, teils in Irrenanstalten. Zeit genug also, seine Phantasien zu Papier zu bringen.

Auch de Sade war Praktiker. In jüngeren Jahren feierte er auf dem Sadeschen Stammschloß Lacoste wüste Orgien unter Verwendung der Dorfjugend. Die etwa 15 Jahre alten Mädchen mußten so lange auf dem Ansitz verbleiben, bis die Wunden verheilt waren.

Zum Unterschied zu Sacher-Masoch sind de Sades Werke allesamt in die Weltliteratur eingegangen. Sehr zum Unmut der Feministinnen – für Alice Schwarzer bloß „härteste Pornographie ohne jeden künstlerischen Wert". André Breton hingegen sah in de Sade den „echtesten Vorläufer von Freud und der ganzen modernen Psycho-Pathologie".

Zu seinem 250. Geburtstag im Jahr 1990 brachte die „Bibliothèque de la Pléiade" – die Weltliteratur-Hitparade des Pariser Verlags Gallimard – sein Gesamtwerk heraus, darunter auch sein Hauptwerk „Die 120 Tage von Sodom", in Leder gebunden und gedruckt auf leichtem Bibeldruck-Papier. Natürlich ist die Schmerzwollust – von Albert von Schrenck-Notzing „Algolagnie", als Verbindung von Sadismus und Masochismus, genannt – keine Spezialität des 18. oder 19. Jahrhunderts. Einen Prä-Sacher-Masoch stellt eine Elfenbeinplastik aus dem Altertum dar, wo Alexander der Große zusieht,

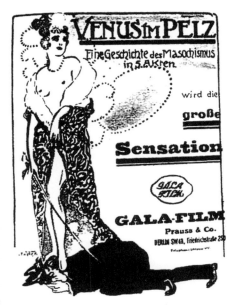

*Sacher-Masoch auf der Leinwand: Filmplakat, 1919*

*Im Pensionat, Illustration zu einem französischen Erziehungsroman, um 1910*

wie Aristoteles, von der Schönheit gebändigt, mit dem Zügel im Mund auf allen Vieren kriechend die mit der Peitsche bewaffnete Phylis zu tragen hat. Joachim Welzl schreibt in seinem sexualwissenschaftlichen Werk „Das Weib als Sklavin", Ende der zwanziger Jahre in Wien herausgekommen, über die Verbindung von Erotik, Körperzucht, Unterwerfung und Schmerz in der Antike am Beispiel der Sklaverei: „So war es schon im Altertum eine weitverbreitete Gewohnheit der Sklavenhändler, ihre Sklavenweiber aus dem alleinigen Grund zu peitschen, um ihnen ein besseres und üppigeres Aussehen zu verschaffen. Denn man wußte zu jener Zeit bereits, daß einer nicht allzu harten Flagellation des Körpers etwa der Wert einer kräftigen Massage beigelegt werden könne."

Derart vorbereitet, so Welzl weiter, „wurden die zu verkaufenden Sklavinnen in Rom ganz öffentlich in völlig nacktem Zustande auf einem drehbaren Gestell, der sogenannten Catasta, oder auf einer Steinplatte ausgestellt und konnten so von Kopf bis Fuß eingehend besichtigt und untersucht werden".

## Englische Erziehung und französische Kammern

Der Begriff Sadismus wird auch häufig mit „englischer Erziehung" umschrieben, was seinen Ursprung in den Prügelgebräuchen englischer Internate hat. Gegen Ende des 19. Jahrhunderts schilderte eine Großmutter ihrer Enkelin, was in ihrer frühen Jugend in einem britischen Mädchenpensionat so an der Tagesordnung war – inklusive zeremoniellem Rahmen: „Es gab zwei oder drei Grade von ernster Züchtigung. Der erste war in Miss Pomeroys Zimmer, wo nur sie und das Dienstmädchen dabei waren. Der zweite war die öffentliche Vorbereitung für die Strafe vor der ganzen Schule, der dann aber die Verzeihung folgte, und der dritte war die öffentliche Vollziehung der Strafe. ... Mir wurde feierlich befohlen, die Rute in ein Zimmer zu tragen, das die Vorsteherinnen ihr Studierzimmer nannten. Dort fand ich die beiden Damen und kniete vor ihnen mit der Rute nieder, die die ältere Dame mir abnahm und ordentlich zärtlich durch ihre Finger gleiten ließ. Dann klingelte sie und befahl dem Dienstmädchen, mich vorzubereiten. Dies geschah, indem sie ganz einfach meine Kleider in die Höhe zog und meine Hände festhielt ... Ich habe gesehen, wie heiratsfähige Mädchen, halb entkleidet, vor all ihren Schulgefährtinnen gepeitscht wurden wegen irgendeiner kleinen Übertretung. Es gab ein besonderes Kleid, das bei öffentlichen Strafen angelegt wurde, ungefähr wie ein Nachtrock, und in dem Anzuge wurde die Übeltäterin vorgeführt, wenn ihre Mitschülerinnen versammelt waren. Dann mußte sie sich über ein Pult legen, ihre Hände wurden festgehalten und ihre Füße in den Stock gestellt ..."

Nicht nur in pädagogischer, auch in kommerzieller Hinsicht war England in dieser erotischen Disziplin richtungsweisend. Zu Beginn des 19. Jahrhunderts erleben die Londoner Flagellationshäuser ihre Blütezeit. Lujo Bassermann schildert in seinem Prostitutions-Standardwerk diese Epoche der erotisch-europäischen Geschichte: „Um 1800 wurden die Flagellations-Bordelle so berühmt, daß selbst ein Kronprinz wie der spätere Georg IV. kein sonderliches Geheimnis daraus machte, wenn er eines besuchte. Es handelte sich um das Haus der Mrs. Collett in Tavistock Court (Covent Garden). Womöglich noch berühmter war aber Theresa Berkley, die in der Charlotte Street nicht nur ein einmaliges Arsenal stets wohlgepflegter Ruten, Gerten, Nesseln usw. angesammelt hatte, sondern auch eine beträchtliche Anzahl von Folterinstrumenten. Da sie selbst der Manie huldigte, von der sie lebte, scheint ihr Beruf einigermaßen strapaziös gewesen zu sein, denn sie übte ihn nur acht Jahre aus ..."

Die Kombination von Schule und Masochismus – siehe strenge Erziehung – ist überhaupt sehr beliebt, wobei selbst Ersatzhandlungen und entsprechendes Ambiente, die beim erotischen Normalverbraucher keinerlei Regung verursachen, zum gewünschten Höhepunkt führen. Bekannt ist der Fall eines reichsdeutschen Staatsbeamten vor dem Ersten Weltkrieg, der die Dienste einer professionellen „Gouvernante" in Anspruch nahm. Er kam mehrmals im Monat zu seiner Domina, mit kurzer Hose und Matrosenbluse bekleidet, unter dem Arm die Schulmappe mit Schiefertafel, Griffel, Schwamm usw. Bei der „Erzieherin" mußte er zuerst die Hände vorzeigen, ob sie auch sauber waren, dann unter Schelten und Ohrfeigen aus der Bibel buchstabieren und auf der Schiefertafel schreiben. Bei dieser Szene kam er unter starker sexueller Erregung zum Samenerguß.

Da durfte Frankreich natürlich nicht nachstehen. Von den sehr gesprächigen Insassinnen der Pariser Nobelbordelle in den zwanziger und dreißiger Jahren des abgelaufenen Jahrhunderts gibt es anschauliche Berichte. So soll es in der Rue de Navarin 9 eine besonders schöne Folterkammer gegeben haben. In der Werbebroschüre „Les Musées secrets" (1930) wird sie

*Liebe und Hiebe, Radierung von Helmuth Stockmann, um 1910*

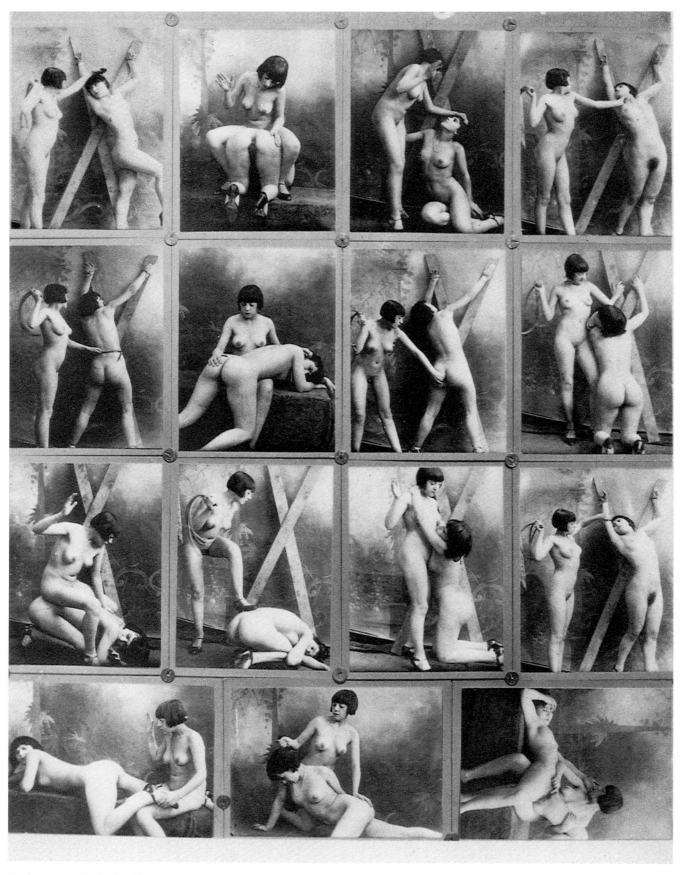

*Sadomasochistische Photoromanze um 1890*

beschrieben: „Man meint, sich in der Folterkammer eines alten Schlosses aufzuhalten. Nichts fehlt: Halseisen, Handschellen, ein Pferd und sogar ein Galgen stehen dem Kunden zur Verfügung, so daß man sich mühelos vorstellen kann, Opfer oder Henkersknecht zu sein."

Auch über die Vorlieben ihrer Kunden wissen die Chronistinnen der käuflichen Liebe zu berichten, wobei eine gewisse hauswirtschaftliche Vorbildung nicht von Nachteil war: „Liebhaber von ‚Näharbeiten' finden es lustvoll, sich den Hintern, die Hoden, die Brust oder die Schenkel nähen zu lassen. Nach den ‚Hausarbeiten' mußten die Mädchen in der Regel die Näharbeiten wieder auflösen und die Fäden ziehen. Die Wunden wurden mit Jod behandelt und verpflastert. Andere Kunden zogen Sicherheitsnadeln vor, die leichter zu entfernen waren."

Martine, die Sous-Maitresse der Cité Pigalle 4, erinnert sich an einen Kunden mit der hausinternen Bezeichnung „Flieger": „Jede Woche ließ er sich einmal in der Folterkammer an einem mit Schlaufen versehenen Seil in die Höhe ziehen. Wenn er sich in luftiger Höhe befand, hatten die Mädchen ihn am ganzen Körper zu streicheln. Was für ein Aufwand! Zum Glück bezahlte er anständig!"

## Nagelb(r)ett der besseren Gesellschaft

Sado-Maso war um 1900 in ganz Europa große Mode. So berichtete das „Berliner Tagblatt" vom 14. Juli 1910: „Eine Skandalaffäre beschäftigt augenblicklich, wie uns ein Privattelegramm aus Dresden meldet, die dortigen Behörden. Es handelt sich um die Aufhebung eines Massageinstitutes, in dem unter dem Deckmantel naturwissenschaftlicher Heilweise die tollsten Orgien masochistischer und sadistischer Art gefeiert wurden. Als die Polizei den Zirkel aufhob, beschlagnahmte sie unter anderem ein ganzes Lager moderner erotischer Werkzeuge. In den Skandal ist eine große Anzahl Personen der ersten Dresdner Gesellschaftskreise verwickelt. Auch zahlreiche noch jugendliche Personen zählten zu den Kundenkreisen des Instituts. Das Treiben ging seit Monaten. Durch geschickt abgefaßte Inserate wußte die Anstalt immer neue Kunden zu werben ..."

Apropos „erste Gesellschaftskreise" – offenbar die bevorzugte Klientel dieser Spielwiesen. Aus Lissabon liegt ein sadomasochistischer Orgienbericht aus dem Jahr 1910 vor, veröffentlicht in der Zeitschrift „Geschlecht und Gesellschaft": „Aus Lissabon wird gemeldet, daß die Polizei mehrere junge Männer, die begüterten Familien der Hauptstadt angehören, wegen unerhörten unsittlichen Treibens verhaftet hat, das an die Grausamkeiten zu Neros und Caligulas Zeiten erinnert. Der Schauplatz dieser Grausamkeiten war das einem jungen Fabrikanten gehörige Landgut unweit der Hauptstadt. Dorthin lockten sie junge Mädchen, um sie nach wüsten Gelagen durch Knechte gewaltsam zu entkleiden und mißhandeln zu lassen und sie dann in diesem Zustande den fürchterlichsten körperlichen Qualen zu unterwerfen. Zu anderen Scheußlichkeiten gaben nächtlicherweise abgehaltene Gerichtsverhandlungen Anlaß, bei denen die Verurteilten zu grausamen Bestrafungen der widerlichsten Art verurteilt wurden. Nicht allein Mädchen, sondern auch Männer wurden nach dem Gut gelockt und Torturen zur Belustigung der Gesellschaft unterworfen. Schließlich gelang es doch einem der Mädchen, als die Wüstlinge in der Trunkenheit die Vorsicht außer acht ließen, zu entfliehen und die Polizei zu benachrichtigen. Die Verhaftung der Schuldigen rief das größte Aufsehen hervor. Die Polizei hatte Mühe, die Verhafteten vor der Volkswut zu schützen."

Obwohl bei sadomasochistischen Privatzirkeln die Freiwilligkeit oberstes Gebot ist – ein zuvor ausgemachtes Paßwort stoppt bei allzu schmerzhaften Folgen sofort die Behandlung –, liegt es in der Natur der Sache, daß die Grenze zur Kriminaität gelegentlich fließend ist, wie im oben erwähnten

*Die Sklavenkarawane, französische Romanillustration, um 1910*

Fall. Auch der deutsche Sexualforscher Franz Laurentii schildert einen Fall moderner Lustsklaverei im Marokko des beginnenden 20. Jahrhunderts, ein Haus in Tetuan, wo hauptsächlich verschleppte Spanierinnen ihren „Dienst" versahen: „Wir betraten jetzt, durch eine Portière schreitend, einen großen saalähnlichen Raum, dessen sonderbare Einrichtung mich sofort in größtes Erstaunen versetzte! – Die Wände rot verhängt, rote Ruhebetten mit schneeweißen Kissen belegt, den Wänden entlang sonderbare, ebenfalls mit weißen Kissen belegte Gestelle, daneben auf Glasplattentischchen vollständige Sortiments chirurgischer Instrumente!

Eine leise Ahnung keimte in mir auf, die zur Gewißheit wurde, als ich meine Augen forschend in dem unheimlichen Raume umherschweifen ließ und zahlreiche Lederpeitschen, Ruten und Fesselmaterial, an den Wänden hängend, entdeckte. ‚Quien tiene el numero uno?' (Wer hat Nummer eins?) – Ein sonnenverbrannter Spanier im Tropenreitanzug und der Gerte im Stiefelschaft trat mit seiner Senorita vor, während die anderen Paare sowie die Zuschauer auf den Ruhebetten an einer Seite des Saales Platz nahmen, auf diese Art eine Bühne schaffend."

## In den Tiefen des Harems

Die Kombination von Orient – Harem – Sklaverei – Sex war zwischen 1890 und 1930 nicht nur ein beliebtes Motiv erotischer bzw. pornographischer Photographien und Illustrationen, sondern inspirierte auch sadomasochistisch veranlagte Autoren zu manch blutrünstiger Geschichte. Zu ihnen gehörte die 1903 in Dresden geborene Gertrud Freiin von Welck – als Verfasserin flagellantischer Novellen wählte sie das sinnreiche Pseudonym Ruth von der Weide. Nach dem Ersten Weltkrieg übersiedelte sie mit ihren Eltern ins fremde Genua, wo sie sich fast ausschließlich schreibenderweise und auch körperlich ihren Neigungen hingab. Ihre litearischen Ergüsse – mittels Blaupapier vervielfältigt – verschickte sie nicht nur an gleichgesinnte Freunde und Freundinnen sowie Zahnärzte oder Bergingenieure, die dann ihre persönlichen Erlebnisse postwendend zurückschickten („In Spitzenhöschen durchgewichst – Bekenntnisse eines masochistisch-fetischistischen Staatsbeamten"), sondern auch an Sigmund Freud oder den Wiener Erotika-Sammler Felix Batsy mit der Bitte um Beurteilung. Letzterem ist es zu verdanken, daß Gertrud von Welcks Manuskripte teilweise erhalten

*Sklavenmarkt, um 1850, Buchillustration*

geblieben sind, ansonsten ist das flagellantische Freifräulein leider ein weißer Fleck auf der erotisch-literarischen Landkarte Europas.
Eines jener Antwortschreiben ist ein „Charakterbild" Gertrud von Welcks von einer ungenannt bleiben wollenden „intimen Freundin" aus Deutschland (die Unterstreichungen wurden von der Autorin selbst vorgenommen):
„Ruth von der Weide ist ein schlankes, blondes, recht hübsches, kluges Mädchen mit kräftigen Gliedern und gesundem Verstande. Sie besitzt Geschicklichkeit und Mut, ist eine bewährte Hochtouristin und eine nicht minder tüchtige Schwimmerin. Es scheint unbegreiflich, daß die Natur dieses nette, frische, lebenslustige Mädel mit so ausgesprochen perversen Neigungen ausgestattet hat.
Ruth von der Weide ist Fetischistin. Sie empfindet starken geschlechtlichen Reiz beim Anblick von prallanliegenden Männerhosen, namentlich Reit-

*Strafvollzug am Balkan,*
*Aquarell von Gottfried Sieben, 1914*

hosen, sowie von Herren-Reitstiefeln. Besonders ausgeprägt ist ihre Neigung für straffgespannte Herren- und Knabenhosenböden. Sie ist Liebhaberin von reizenden Damenhöschen und hohen, eleganten Damen-Schnür- und Knopfstiefeln …

Ruth von der Weide ist Sadistin, jedoch nur Prügel-Sadistin. Sie verabscheut alle Grausamkeiten und Quälereien. Ihre Art zu prügeln hat nichts von der Nervosität an sich, die bei anderen Frauen so charakteristisch ist. Sie peitscht nicht so, daß sie anfangs langsam und gleichmäßig schlägt, um dann plötzlich in ein rasendes Tempo überzugehen. Gleichmäßig, scharf, jeden Schlag berechnend, zählt sie – während unbeschreibliche Wollust ihren jungen, schlanken Mädchenkörper durchschauert – äußerlich jedoch ruhig, das vorher genau festgesetzte Quantum fürchterlichster Rohrstockhiebe auf. Jeder einzelne Hieb sitzt! – Frauen und Mädchen werden auf den völlig nackten Popo geprügelt. – … Die weibliche Person, der die Prügel zugedacht sind, muß sich so tief bücken, daß der Popo im spitzen Winkel hoch nach oben gehoben wird. Die Beine müssen leicht gespreizt werden, damit das rosige Spältchen zwischen den Schenkeln gut sichtbar wird.

Männer und Knaben erhalten die Prügel gleichfalls auf den blanken Hintern. Die Hosen werden abgeknöpft und bis zu den Knien herabgestreift. Das Hemd wird bis zu den Hüften hochgeschlagen und mit Patentnadeln befestigt, so daß es nicht herunterrutschen kann. Wenn der Mann nun, nackt von den Hüften bis zu den Knien herab, prügelfertig dasteht, muß er die gleiche tief gebückte Stellung einnehmen wie die Frauen und Mädchen …

Ruth von der Weide ist Masochistin, doch keine Sklavennatur. Sie empfindet beim Geprügeltwerden nicht die geringste Wollust. Trotzdem hat sie ein unwiderstehliches Verlangen, Prügel zu erhalten … Obwohl sie vom ersten bis zum letzten Hiebe unter entsetzlichsten Schmerzen zu leiden hat, verlangt sie äußerst schwere Züchtigungen, möglichst mit dem Rohrstock und ausschließlich auf den nackten Popo unter Verschärfung der Strafe durch raffiniert ausgedachte Beschähmungen.

*Musterung für das Frauenbataillon Kerenskijs, russische Postkarte, 1917*

Die praktische masochistische und sadistische Betätigung erweckt in Ruth eine unbezähmbare wilde Wollust. Eine wohltuende Befreiung von dem starken Geschlechtsdrang tritt durch das Prügeln jedoch nicht ein. – Erst die Zunge des kurz vorher von ihr selbst geprügelten Freundes oder der Freundin vermog ihre aufgepeitschten Nerven, ihre förmlich nach Befriedigung, nach vollster Befriedigung, schreienden Sinne zu beruhigen."

Nach diesem raren Beispiel typographischer Pornographie zum eigentlichen „Hauptwerk" Gertrud von Welcks. „Haremsketten" spielt, wie unschwer zu erkennen, im beliebten Sado-Maso-Ambiente Orient, die einfach angelegte Rahmenhandlung beschreibt eine Kreuzfahrt einiger hübscher europäischer und amerikanischer Mädchen. Im Zuge eines Landaufenthaltes werden sie gefangen, auf dem Sklavenmarkt an einen Emir verkauft und sehen, da sie ihrem neuen Herren nicht so ohne weiters zu Willen waren, einem grausamen Schicksal entgegen. Und das liest sich so:

„Auch Carla liefen die Tränen über das süße Gesichtchen, während Irene verzweifelt ausrief: ‚Aber das alles ist ja unmöglich, das kann ja nicht sein!' Aber es wurde grausame Tatsache. Ali, der Hofmeister des Fürsten, erschien begleitet von sechs schwarzen, riesigen Sklaven, die an der Tür Aufstellung nahmen. Bebend blickten die geängstigten Mädchen auf diese Männer, in deren Händen das Schicksal ihres weiteren, noch jungen Lebens lag. – Ali und der Jude unterhielten sich in einer den Mädchen fremden Sprache, bis der Jude sich wieder an seine Opfer wandte. ‚Hört ihr weißen Mädchen, Ali will Euch für einen Herrn kaufen, aber er kann kaufen nicht für eine Katze im Sack. Ihr müßt Euch also vor ihm entkleiden.' Totenstille herrschte ... ‚Zieht Euch sofort aus oder – ich lasse die Schwarzen dort über Euch herfallen, die verstehen, mit Mädchen umzugehen.' Diese gemeine Drohung verfehlte nicht ihre Wirkung – der Widerstand der wehrlosen Mädchen erlosch ... Nur Modeste war so verängstigt, daß sie es nicht fertigbrachte sich zu entkleiden – sie stammelte schluchzend immer nur: ‚Erbarmen, Erbarmen, ich, ich kann es nicht!' Sie wurde auf des Juden Befehl mit Zwang entblößt – zwei Neger rissen ihr rücksichtslos die gesamte Kleidung vom Körper und stießen dann die Nackte roh vor Ai und den Juden. – Genau betrachtete der Abgesandte des Fürsten das vor ihm stehende zitternde Geschöpf. ‚Sie nur, Ali', rief der Jude, ist sie nicht schön? Groß und schlank gewachsen, dabei aber sportgestählt, keine häßliche Magerkeit! ... Und auch die nackte Carola wurde geprüft. ‚Ali, befühl doch einmal diese runden Brüste. So warm und sanft, daß man möchte hineinbeißen.' Und derbe Männerhände betasteten rücksichtslos die schönen bloßen Brüste des Mädchens ... Alles wurde geprüft und besichtigt bei diesen nackten Mädchen – alles. Bei der schönen Schwedin war es besonders der stattliche Hintern, der das größte Interesse der Männer erregte. ‚Sieh nur Ali, diese Rundung des weißen Hintern. Platz für die Peitschen der Haremsmädchen, wenn das schöne Kind einmal ungehorsam ist – oh weih.' Und er patschte mit seinen gemeinen Händen derb auf Geraldas Popo und packte mit seiner Hand in gemeinster Weise ihre stark bewaldete kräftige Votze ... Nancy, die Amerikanerin mit den roten Haaren, sollte ausgepeitscht werden, da sie sich geweigert hatte, nackt vor dem Fürsten zu tanzen. Die Neger packten das nackte junge Mädchen und zerrten es zu einer Säule. Mit hochgesteckten Armen wurde Nancy dort festgebunden, den Rücken zur Halle. Dann trat ohne Zögern der Neger heran und schwang nun mit wüster Kraft die schwere Peitsche auf den gefesselten nackten Mädchenkörper – klatsch – klatsch – klatsch – Aaaaaauuauau – Weeeeeh – klatsch – klatsch – Aaaaauuauau – Weeeeeh ..."

Abenteuer sind nicht nur im Kopf und anderswo, sondern manchmal taucht man auch tatsächlich in die Wirklichkeit ein, wie die Wiener Weltreisende Ida Pfeiffer, die 1843 eine Reise ins Heilige Land unternahm und die Sklaverei hautnah erlebte. Sie näherte sich dem Thema in ihrer Reisebeschreibung allerdings ethnologisch:

*Frauenlos, erotische Illustration von Franz Kuna mit antisemitischem Beigeschmack, um 1910*

*Europa und der Drache, Fantasy-Nostalgiefigur aus rotchinesischer Produktion für den europäischen und amerikanischen Markt, Ende 20. Jahrhundert*

„Ich betrat den Sklavenmarkt in Konstantinopel mit Herzklopfen und bedauerte schon im Voraus diese armen Geschöpfe. Wie erfreut war ich daher, sie nicht halb so traurig und verwahrlost zu finden, wie wir Europäer es uns gewöhnlich vorstellen. Überall sah ich freundlich lächelnde Gesichter …
Auf so einem Markte sieht man natürlich alle Farbabstufungen, von Lichtbraun bis ins Rabenschwarze. Die Weißen und die ausgezeichnet schönen Schwarzen sind nicht dem Auge eines jeden Fremden preisgegeben … Die Bekleidung dieser Leute ist höchst einfach. Entweder haben sie nur ein großes Tuch, in welches sie sich einhüllen, oder sonst ein Stück von einer einfachen Kleidung, das den Körper notdürftig bedeckt, und selbst dieses müssen sie ablegen, wenn ein Käufer erscheint. So lange sie in den Händen der Mäkler sind, werden sie freilich nicht am besten gehalten, sie sehen daher auch mit wahrer Freude dem Augenblick entgegen, wo ihnen das Los einen Herrn bestimmt. Dann ist ihr Schicksal gewöhnlich erträglich."

Etwas realistischer sieht es etwa 30 Jahre später eine Türkin, die die Hälfte ihres Lebens im Harem verbracht hatte und später in England lebte: „Nachdem der Käufer die Sklavin von Kopf bis Fuß gemustert hat, setzt er den

*Leidende Austria: „Zieht mich nur ganz aus, vielleicht werdet ihr dann endlich darauf kommen, wie schön ich bin" (Karikatur von Karl Alexander Wilke für die „Muskete" 1910/11 auf die unmäßigen und staatsgefährdenden Forderungen der Nationalitäten, Stände und politischen Parteien in Österreich)*

Preis fest. Ist man einig geworden, so wird das Mädchen am folgenden Tage in sein Haus geschickt, und zwar von einer alten Frau begleitet, welche es nie aus den Augen läßt. Sie bleibt mehrere Tage, bis man sich überzeugt hat, daß sie keinen wesentlichen Fehler besitzt. Eine Hebamme wird herbeigerufen, welche bestätigen muß, daß die Neugekommene noch nie Umgang mit einem Manne hatte. Nach dieser Untersuchung wird das Geld gezahlt."

*Der Sklavenmarkt, Kupferstich, um 1830*

### Im Garten der Qualen

*Ich legte mein schwarzes Gewand von mir
Und löste mit bebenden Fingern mein Haar;
Nackt und zitternd lag ich vor dir
Und bot meinen jungen Leib dir dar.*

*Du entfachtest die schlummernden Brände
In mir zur ekstatischen Inbrunst der Liebe;
Laß mich küssen, mein Fürst, deine grausamen Hände
Für das jubelnde Glück deiner Peitschenhiebe!*

*Laß mich die schmalen Füße küssen,
Die meinen Nacken zu Boden zwangen;
Laß mich die harten Stricke küssen,
Die mich quälten wie feurige Schlangen!*

*Laß mich, mein Fürst, deine Peitsche küssen,
Die mir die Lust der Schmerzen sang;
Laß mich den Sand der Erde küssen,
Der mein Blut mit durstiger Sehnsucht trank.*

*Unsere schlummernden Gärten träumten den Traum,
Den zärtlichen Frühlingstraum der Natur;
Aber wir sahen die Rosen kaum,
Mein Fürst! Denn wir liebten die Schmerzen nur.*

*Wie eine Sklavin lag ich vor dir
Und bot meinen Leib den Martern dar,
Und die tiefste Wollust ward dir und mir
Im Garten der Qualen offenbar.*

*Dolorosa: „Confirmo te chrysmate",
masochistische Lyrik 1902*

*Alles Gute von der Rute: Wiener Traumpopo in Erwartung der Züchtigung, Aktpostkarte, um 1890*

*Englische Erziehung, um 1920*

### Experimentalversammlung bei Mrs. Flog

„... Ganz nackt, sage ich dir. Knöpfe jetzt dein Kleid auf. Wart', ich will dir helfen, jetzt Rock und Unterröcke. Aber du errötest ja schon bei jedem fallenden Kleidungsstück, Margaret, wie wird das erst werden, wenn du ganz entblößt bist? Nun kommt das Korsett dran, ich will dir dabei helfen und einmal dein Kammermädchen sein, du bist ja so oft das meinige. Was für einen reizenden Busen du hast, Venus selbst könnte dich darum beneiden. Erröte doch nicht gleich, wenn ich ihn berühre; siehst du, nun können die Damen ihn genau und ohne Schleier betrachten. Weißt du auch, daß dein Busen trotz seiner Üppigkeit hart und fest wie Marmor ist? Der ists wohl wert, daß man ihn liebkost und küßt, hauptsächlich dieses entzückende Rosenknöspchen, welches unter dem Kusse eines Gottes aufzublühen würdig wäre. Aber zittere doch nicht so – Margaret, knöpfe jetzt deine Unterhöschen auf und lasse sie heruntergleiten, steig heraus und bleibe noch einen Augenblick im Hemde stehen. Wie Deine rosige Haut hindurchschimmert und wie es sich über Busen und Hüften wölbt! Und diese kleine, süße Spitze, die ich soeben geküßt habe, sieht sie nicht wie ein Blutströpfchen aus?
Jetzt zeige dich uns einmal im Profil. Wirklich! Weißt du, wem du ähnelst? Dem badenden Mädchen im Florenzer Museum. Nur noch schöner und reicher bist du, und vor allem: Du lebst! ...
Wie soll ich Dir nun das Hemd ausziehen, von oben oder von unten, oder willst du das lieber allein besorgen? Du selbst? Nun gut, dann mach' es allein."
Margaret, die mit jeder Sekunde lebhafter errötet, hat Tränen in den Augen und ihre Hände zittern, als sie die Schleifen des Hemdes löst; langsam hebt sie einen Arm, dann den anderen und mit tiefer Scham sieht sie, wie ihre letzte Hülle, ihr letzter Schutz gegen die lüsternen Blicke, welche sie verschlingen, an ihrem keuschen Körper hinabgleitet; noch einmal halten die kräftigen Hüften den Fall einen Augenblick auf, dann sinkt der Schleier, sich zusammenrollend, bis auf die Füße nieder. Nun zeigt sich der reizende, zarte, rosig angehauchte Körper in völliger Nacktheit mit seiner üppigen Fülle, den runden Schultern, vollen Armen, der schwellenden Brust mit ihren aufrechtstehenden Rosenknospen, jetzt sieht man den ganzen Reiz des wonnigen Leibes, der vollen Schenkel, der schön geformten Beine. Am meisten zieht aber ein Haarwald die Blicke auf sich, der sich über den ganzen elfenbeingleichen Unterleib bis zum Nabelgrübchen emporzieht, hoch, breit und schwarz wie Ebenholz, wie man in selbst bei Andalusierinnen nur sehr selten vorfindet; und doch so weich wie Seide. Welch' ein Kontrast mit den lang herabwallenden Locken ihres Haupthaares, dessen goldige Spitzen sich mit den rabenschwarzen Löckchen des Wollustvließes mischen!
Auf den Befehl ihre Herrin dreht Margaret sich um, um sich auf den Sessel hinzuknien und zeigt dabei neue Schönheiten ihres entzückenden Körpes. Bei jedem Schritte wiegen sich die strammen Hüften und mit ihnen heben und senken sich in wollüstiger Wellenbewegung die schwellenden Hinterbacken. Wie sie nun auf dem Sitze des Fauteuils kniet, das Haupt auf die Lehne gestützt, da sieht man auch ihre festen Lenden mit der pfirsichgleichen Sammethaut und unterhalb des gebogenen Kreuzes die wunderbaren Halbkugeln in ihrer ganzen Üppigkeit. Dann die breiten Schenkel, an die sich die reizend geformten, mit Seidenstrümpfen bekeideten Beine und die in zierlichen Schuhen steckenden Kinderfüßchen anschließen.

*Rechts und links hört man unter den Zuschauerinnen auch nur ein und denselben Ausbruch begeisterter Lobsprüche. Jede möchte unter dem Vorwande einer Züchtigung diesen Sammetatlas mit eigenen Händen liebkosen. Aber all' diesen zärtlichen Kundgebungen macht Lady Lovebirch ein Ende; wie die Liebesgöttin Amor mit Blumen peitscht, so nimmt auch sie ein Bukett von ihrer Brust, um den schönen Hintern Margaretes einige Minuten damit zu streifen. Dann steckt sie es wieder an ihren Busen, nicht ohne zuvor die Blumen geküßt zu haben und ergreift endlich die wirkliche Rute, mit der sie zuerst nur leichte Hiebe dem vor ihr liegenden prachtvollen Popo gibt. Es scheint, als fürchte sie, die zarte Haut zu verderben, denn kaum rötet sich das Fleisch. Margaret scheint jedoch diese leichten Schläge schon lebhaft zu fühlen, denn ihre hübschen Hinterbacken, die so lange unbeweglich waren, fangen an, sich hin und her zu winden und sich abwechselnd zu öffnen und wieder zu schließen. Durch diese aufregenden Bewegungen und auch durch das schöne Manöverfeld, das sich ihren Hieben widerstandslos darbietet, kommt Lady Lovebirch allmählich in Geschmack. Nun schont sie die zarten Hinterbacken nicht länger, scharf und kräftig zerpeitscht sie überall die breite Fläche, so daß der dicke Arsch hoch emporschnellt; die fleischigen Hinterbacken spreizen sich und enthüllen das hochrote Liebesparadies, das sich, die Bewegungen des Popos nachahmend, in einem tiefen Graben schwarzen Haares abwechselnd öffnet und wieder schließt. Nicht einmal diesen Mittelpunkt der Genüsse verschonen die heißen Küsse der Rute, aber nur leicht berühren sie die Liebesgrotte, es ist mehr ein Liebkosen als Beißen, denn statt die Hinterbacken zusammenzukneifen, um das gepeitschte Kätzchen in Sicherheit zu bringen, hebt das Opfer seinen Popo nur noch mehr empor, spreizt ihn und streckt ihn so weit wie möglich hervor, damit die von den Liebkosungen der Rute entzückten Lippen des verborgenen Paradieses noch leichter von jener erreicht werden können, und unter einem Hagel von Schlägen, die quer über die Halbkugel fallen, zuckt der Popo krampfhaft, sich drehend und windend und auf- und niederhüpfend, während das Opfer die Schenkel zusammenpreßt und dieselben wollüstig aneinander reibt. Um diese nachsichtige Strafe in würdiger Weise zu beendigen, ergreift Lady Lovebirch nochmals ihr Bukett und mit aller Armkraft zuschlagend, streut sie die Blüten über den dampfenden Arsch und auf das vor Wollust ohnmächtig gewordene Kätzchen, an dem einige Blätter kleben bleiben und sich so mit den rosigen Lippen, deren Farbe auch die ihrige ist, vereinigen.*

*Als Lady Lovebirch mit dem Schlagen aufhört, bleibt sie in Entzücken versunken beim Anblick des purpurnen Arsches und der zwischen den vollen Schenkeln sichtbaren Liebesgrotte, zwischen deren klaffenden Lippen man die letzten Zuckungen des kleinen Knöspchens bewundern kann, welches die Ränder derselben mit reichlichem Liebestau benetzt, dessen Tropfen als weiße Perlen an den Spitzen des schwarzen Vließes glänzen.*

*Als Margaret sich erhebt, ist ihr Gesicht gerötet, doch nicht mehr vor Scham, und in ihren großen Vergißmeinnichtaugen glänzt ein ungewöhnliches Feuer. Ohne zu bedenken, daß Lady Lovebirch ihre Herrin ist, ohne auf den Unterschied des Ranges zu achten und unbekümmert, ob neugierige Augen ihr Tun verfolgen, wirft sie sich an den Hals ihrer Herrin und bedeckt sie mit wilden, verzehrenden Küssen ...*

Aus: „Die Kallipygen" von E. D. Zum erstenmal ins Deutsche<br>übertragen von Dr. Rolf, Privatdruck, 1906

*Die wilden Nullerjahre: Strenger Morgensport in Ägypten*

*Fesselnde Schönheit,
Wiener Aktpostkarte, um 1890*

# Mariska und Natalie

Zu Unrecht werden ausschließlich der Orient und natürlich Nordamerika mit moderner Sklaverei in Zusammenhang gebracht. In Rußland nannte man es zwar „Leibeigenschaft", aber der Unterschied fiel kaum ins Gewicht. In St. Petersburger Zeitungen konnte man daher zu Beginn des 19. Jahrhunderts etwa folgendes Inserat lesen: „Wenn jemand eine ganze Familie oder einen jungen Mann und ein junges Mädchen einzeln kaufen will, so kann er sich an die Seidenwäscherin gegenüber der Kasaner Kirche wenden. Der junge Mann namens Iwan ist 21 Jahre alt; er ist gesund und kräftig und versteht es, die Damen zu frisieren. Das gut gewachsene und gesunde Mädchen mit Namen Marfa, 15 Jahre alt, kann nähen und sticken. Man kann es untersuchen und für einen vernünftigen Preis haben."

Zur selben Zeit befand sich in Moskau nächst des Roten Platzes ein ständiger Markt, der für seine besonders hübsche „Ware" berühmt war. In St. Petersburg bezog eine Witwe von ihren Gütern die intelligentesten und reizvollsten Mädchen, denen sie in ihrem städtischen Haushalt eine gute Erziehung zum alleinigen Zweck angedeihen ließ, diese veredelten „Rohprodukte" – zumeist nach Vollendung des 15. Lebensjahres – an reiche Lebemänner abzusetzen.

Um 1900 erschien in Rußland anonym das Buch „Mariska – Memoiren einer Tänzerin". 1842 auf dem Landgut eines reichen Bojaren geboren, diente sie seiner Tochter als lebende Puppe, die sie nach Belieben quälen konnte. Derart gestählt, ging es mit Mariskas Karriere auf gleicher Ebene weiter: „Kamen Freundinnen der Fürstin zu Besuch, so lud sie jene ein, gemeinschaftlich mit ihr das Morgenbad zu nehmen und den Züchtigungen beizuwohnen. Alle waren Liebhaberinnen dieses amüsanten Zeitvertriebs, man sah es am Leuchten ihrer Augen; auch reservierte die Bojarin ihren Gästen stets die schönsten und rundesten Hinterbacken. Nachdem sie gewaschen, abgetrocknet und wieder angekleidet waren, peitschten sie mit Wollust die dicken, nackten Popos der verurteilten Dienerinnen. Die Herrin eiferte ihre Gäste dann noch stets an, die Schuldigen nur ja nicht zu schonen, und die Megären ließen sich das auch nicht zweimal sagen, sondern schlugen zu wie Rabenmütter. Ich weiß es, denn oft habe ich es am eigenen Körper erfahren."

Als 16jährige begann Mariska ihre Ausbildung an der kaiserlichen Tanzakademie. Dort ging es weniger um künstlerisches Ballett, sondern „alle Pensionärinnen des Instituts dienten mit ihrem ganzen Körper zur Belustigung der Hofwürdenträger und Gardeoffiziere, die oft genug von dieser Berechtigung Gebrauch machten. Natürlich hatten die Großfürsten das Vorrecht der Wahl ... Nur die Kinder waren so lange von diesen Diensten frei, bis ihr Körper sich entwickelt hatte; doch wurden sie jeden Tag vom Intendanten, der Directrice oder dem Ballettmeister untersucht, ob sie stark genug wären, den Stoß auszuhalten. Dann wurden auch sie ins Register der Bettgarnituren eingetragen und einem der Wüstlinge überliefert, die vorher dem Tanz ihrer Hinterbacken zugesehen hatten ..."

Von der Wirklichkeit zu einem sadomasochistischen Märchen von Catulle Mendès, „Le souper des pleureuses", 1888 in Paris erschienen – und es spielt natürlich in Rußland. Heldin ist Natalie Samarin, die masochistisch veranlagte Tochter eines reichen Moskauer Geschäftsmannes. Gerne verweilte sie am väterlichen Landgut, wo Prügelstrafen fürs unachtsame Personal die Regel waren, wofür ein eigener kräftiger Kerl engagiert war. Da alles seine bürokratische Ordnung haben mußte, übergab die Delinquentin dem Auspeitscher vor Verabreichung der Strafe einen Zettel, auf dem die ihr zuerkannten Hiebe verzeichnet waren. Klein-Natalie provozierte einmal eine Kammerzofe zu einer Verfehlung, so mußte diese zur Abstrafung erscheinen. Mendès schreibt: „Der Auspeitscher führte sie in das Plankenhäuschen und sagte zu ihr: ‚Zieh dich aus!' Sie gehorchte. Obwohl man ihr Gesicht, über das ein Häubchen herabhing, kaum sehen konnte, war sie doch selbst in ihrer groben Dienertracht sehr hübsch; sie wurde es aber noch mehr, als sie ihr bäuerisches Umschlagetuch abgenommen hatte und Leibchen und Hemd über die Hüften herabgleiten ließ. Der Zuchtknecht sah sie gar nicht an; er tat einfach seine Pflicht. Damit ihm bei der Arbeit nicht zu heiß würde, hatte er sich gleichfalls seiner Obergewänder entledigt und stand nun mit nacktem Oberkörper vor ihr.

Dann befahl er ihr, sich auf die Bank auszustrecken und schwang die mit dicken Knoten versehene Peitsche über sein Opfer. Zehnmal fiel sie herab. Die Schuldige klammerte sich an die Bank, wippte in die Höhe und stieß ein dumpfes Geschrei aus ... Ihre junge rosige Haut wurde rot, blau und grün und fing endlich zu bluten an. Als die Peitsche zum zehnten Male niedergefallen war, sagte der Mann: ‚Für heute ist es genug.'

Das Mädchen drehte sich um und stand auf. Einige Blutströpfchen waren von ihren Lenden auf die Bank gespritzt; ihre Augen standen voller Tränen, ihre schönen Lippen, in die sie, um den Schmerz zu verbeißen, die Zähne fest eingepreßt hatte, bluteten.

‚Ach', rief plötzlich der Leibeigene aus. Er hatte Natalie Samarin, die Tochter seines Herrn erkannt.

‚Ja', sagte sie, ‚ich bin es!'

Und dann griff sie in die Tasche ihres Rockes, nahm einen Hundertrubelschein heraus und gab ihn dem Auspeitscher als Lohn für seine Mühe."

*Prügeln in Rußland I: Teil der Volkskultur, Aquarell von Nikolaj P. Semjoff, um 1910*

*Prügeln in Rußland II: Offiziere verhören eine Spionin, Zeichnung von Lajos Gedö, um 1916*

# Liebe in Feldgrau

## Kriegserotik zwischen Schützengraben und Zapfenstreich

„Die typischen Verführer in der Uniform eines Dragonerleutnants verbrachten einige ihrer besten Mannesjahre in den Kasernen. Die einzige Abwechslung für die Kasernierten: saufen und huren." Soweit Alphonse Boudard, penibler Bordell-Historiker und intimer Kenner der Kundenpsyche, über das Los der Offiziere um 1900. Vom enthaltsamen und daher traurigen Leben der Truppe ganz zu schweigen. Die Beziehung zwischen Erotik und Militär steht im Spannungsfeld von berufsbedingter Frauenlosigkeit und dem legendären „Zauber der Montur". Im Ersten Weltkrieg kam die Erotik des Heldentums hinzu, wie es ein k. u. k. Hauptmann – offenbar ein begnadeter Psychologe – in einem Appell an die Mannschaft treffend ausdrückte: „Schaut, daß ihr bald eine Medaille kriegt, denn wenn ihr auf Urlaub geht und die Mädels seht, ihr habt was auf der Brust, dann glauben sie auch, daß ihr was in den Hosen habt." In der von Magnus Hirschfeld in den zwanziger Jahren herausgebrachten „Sittengeschichte des Weltkriegs" wird dieses Phänomen wissenschaftlich durchleuchtet: „Jedenfalls war die Uniform für die Frau stets erotisch betont ... Die Liebe der Köchin zum Infanteristen ist der eiserne Bestandteil der Anekdotensammlung aller Völker. Daß auch die Frau der gebildeten Stände dem Uniformzauber erlegen wäre, läßt sich immerhin nur cum grano salis annehmen, und so bleibt als einzige Erklärung für die ‚aufopfernde' Kriegsbegeisterung der Frau neben geringerer Widerstandskraft gegenüber der Massensuggestion nur das unter Umständen ganz starke Mitwirken sadistisch-erotischer Motive ... Spielen auf diese Weise Sadismus und Masochismus in der Kriegsbegeisterung, Kraftanbetung und Uniformverhimmelung der Frau auch normalerweise eine Rolle, so ist eine pathologische Entartung dieser Vorliebe gegebenfalls auch durchaus möglich und eben der Weltkrieg hat dafür den Nachweis erbracht."

Hirschfeld selbst führt ein klassisches Beispiel an: „Wir beobachten auch, daß der Neuerscheinung und größeren Verbreitung eines Gegenstandes, wie sie die Mode oder ein Zeitereignis, beispielsweise der Krieg, mit sich bringen, alsbald das Auftauchen vieler Fetischisten entspricht, die nun auf diese ganz neuen Dinge, irgend ein Stück oder Abzeichen der Felduniform, ungemein ‚scharf' sind. So suchte mich vor kurzem eine Dame auf, für die von dem Verwundetenabzeichen eine hochgradige sexuelle Reizwirkung ausströmte."

„Eine andere Dame", so Hirschfeld weiter, „wurde durch Tritte fester Soldatenstiefel auf steinigem Boden in geschlechtliche Erregung versetzt ... Beim taktmäßigen Vorbeimarschieren einer Truppe fing sie nicht selten zu masturbieren an."

## Soldatenhumor jenseits der Gürtellinie

Jenseits wissenschaftlicher Analyse greift der erotische Volkshumor das Thema immer wieder auf. Etwa in den berühmten Wirtinnen-Versen. Die Figur der Wirtin taucht bereits im Mittelalter auf, erlebte ihre Blüte in der Mitte des 19. Jahrhunderts und ist nach wie vor aktuell. Dieses Gemeinschaftswerk anonymer Gelegenheitsdichter stellt so etwas wie ein jahrhunderteübergreifendes sexualfolkloristisches Perpetuum mobile dar, bei dem

*K. u. k. Reigen: Quer durch alle Waffengattungen, österreichische Kitschpostkarten, 1908–1914*

nicht nur Frau Wirtins gesamte weibliche Verwandtschaft in die Pflicht genommen wird, sondern es kommen auch sämtliche Berufsstände und Tierarten zum Zug, selbstverständlich auch Soldaten und Offiziere aller Waffengattungen:

„Frau Wirtin hat auch einen Kaiserjäger,
der hatte keine Hosenträger.
Er trug zu allen Stunden
die Hose mit dem eig'nen Schweif
um seinen Leib gebunden.

Frau Wirtin hat auch einen General,
dem stand der Pint nur selten mal.
Doch stand dann endlich die Kanaille,
legt er sich um den Hodensack
die Tapferkeitsmedaille.

Frau Wirtin hat 'nen Offizier,
der war ein pudelnärrisch Tier.
Wenn sie besoffen beide,
steckt' er den Säbel in ihr Loch,
den Schwanz in seine Scheide.

*Amor und der Engländer, Postkarte, aus dem Ersten Weltkrieg*

*Deutsches Husarenfieber, Postkarte, um 1900*

*Französischer Magnetismus: Enthüllend, Kitschpostkarte, aus dem Ersten Weltkrieg*

Liebe in Feldgrau

*A tergo! Österreichischer Infanterist beim Befehlsvollzug, erotischer Aschenbecher, aus dem Ersten Weltkrieg*

Frau Wirtin hat 'nen Offizier,
der war ein ganz perverses Tier.
Der fickte nur in der Periode.
Und wenn er dann im Blute schwamm,
dann träumte er vom Heldentode.

Frau Wirtin hat auch 'nen Husar,
der trug am Pint kein einzig' Haar.
Schickt' er sich an zum Ficke,
dann trug das ganz feudale Aas
am Schwanze 'ne Perücke."

Einen ähnlichen Stellenwert im breiten Spektrum militärischer Sexualfolklore nimmt der „Sanitätsgefreite Neumann" ein. Um 1850 im sächsischen Zwickau entstanden, tritt der Lazarettgehilfe als Erfinder nützlicher Sexualbehelfe auf:

„Ein Hoch, ein Hoch, ein dreifach Hoch,
dem Sanitätsgefreiten Neumann,
der den Pariser hat erfunden.
Früher spritzt' man's auf den Rasen
oder ließ sich einen blasen.
Heute wendet jedermann
Neumanns Pariser an.

Ein Hoch, ein Hoch, ein dreifach Hoch,
dem Sanitätsgefreiten Neumann,
der das Parkbank-Vögeln hat erfunden.
Früher wegen grüner Flecken
brüllt' der Spieß rum zum Verrecken.
Heute wendet jedermann
Neumanns Vögel-Bänkchen an.

Ein Hoch, ein Hoch, ein dreifach Hoch,
dem Sanitätsgefreiten Neumann,
der die Salvarsan-Kur hat erfunden.
Einst verdarben kranke Schwänze
jeden Spaß am Krieg zur Gänze.
Heute wendet jedermann
Neumanns Salvarsan-Kur an."

Signifikant für die „Soldatenpoesie" ist, daß sie ihr Vokabular fast ausschießlich aus der Sphäre des Verdauungsaparates oder des Geschlechtsverkehrs bezieht. Ein die Waffengattungen symbolisierendes bayerisches Soldatenlied lautet:

„Mir von der Infan'trie
Kennan da nix:
Madl, geh spreiz di net!
Her mit der Büchs!

Mir von der Kavall'rie
Reit'n so gern;
Madl, schau, du därfst jetzt
Mei' Reitpferd wer'n!

Mir von der Artill'rie
Ham a Kanon',
Wennst ma die putz'n laßt,
Kriagst scho dei' Lohn!"

*Eros im Dienst der Propaganda, Kriegsanleiheplakat von Theodor Zasche*

*Kriegssymbol Frau I: Germania, militant, um 1900*

*Kriegssymbol Frau II: Unmoralisches Angebot an Austria (Österreich sollte im Ersten Weltkrieg aus dem Verband der Mittelmächte herausgebrochen werden), Karikatur aus „Kladderadatsch", 1915*

*Kriegssymbol Frau III: Marianne oben ohne, Szene einer Kriegsrevue, 1916*

## Kriegslust und Feldpuffs

Auch die Kriegspropaganda bediente sich unterschwellig der Erotik: Französische „Marianne", „Britannia", „Germania" oder „Austria" wurden als üppige Frauen dargestellt, die als quasi virtuelle, die Nation umfassende Geliebte die Kampfmoral stärken sollten. Zu befreiende oder befreite Gebiete wurden als liebliche Mägdelein dargestellt, besetzte als geschändete halbnackte und gefesselte Jungfrauen. Das Liebchen in Erwartung ihres aus dem Feld kommenden Helden war gleichfalls ein beliebtes Motiv kolorierter Ansichtskarten.

Der Krieg setzt die gewohnte Ordnung und damit die sexuelle Moral weitgehend außer Kraft. Für die einzelnen Krieger wirkten die Frauen im Kampfgebiet als verlockende Beute. In der Verbindung von Kampf und Sexualität werden sadistische Tendenzen herausgefordert, nicht umsonst spricht man von „Kriegslust".

Derartige Überlegungen brachte man um 1900 allerdings nur mehr mit den Feldzügen der Antike, mit dem Dreißigjährigen Krieg, allenfalls noch mit der Epoche Napoleons in Verbindung. Solferino und Königgrätz lagen fast vier Jahrzehnte zurück, der Preußisch-Französische Krieg immerhin 30 Jahre, Bosnien war eine zeitlich und räumlich begrenzte Operation, so daß Stefan Zweig in seiner „Welt von Gestern" bemerkte, daß Kriege im Zeitalter der Vernunft unmöglich seien.

Bis zu den Balkankriegen 1912/13. Ein österreichischer Volkskalender auf das Jahr 1914 zeigt eine romantische Illustration: „Prinz Peter von Montenegro eröffnet mit einem Kanonenschuß den Balkankrieg." Was folgte, war ein Gemetzel der vor kurzem noch unter osmanischer Herrschaft stehenden Balkanstaaten Bulgarien, Griechenland, Serbien und Montenegro gegen die Türkei. Später – als es um die Verteilung der türkischen Beute ging – mit wechselnden Allianzen und begleitet von Greueltaten an besiegten Soldaten und unbeteiligten Zivilisten, natürlich auch jeder Menge Vergewaltigungen, was erwähnter Volkskalender übrigens auch dokumentiert. Auch in der europäischen Presse wurde darüber ausführlich berichtet.

*Befreiung vom russischen Vergewaltiger, österreichisches Vivat-Band, 1915*

Zum Thema passend gab der österreichische Illustrator Gottfried Sieben 1926 unter dem Titel „Balkangreuel" einen Privatdruck heraus, der an Deutlichkeit nichts zu wünschen übrig läßt.

Im Ersten Weltkrieg ging es in dieser Hinsicht vergleichsweise „humaner" zu. Als sich abzeichnete, daß das Völkerringen nicht im Winter 1914 sein Ende finden würde, ging man in den verschiedenen Heeresleitungen daran, Soldaten- und Offiziersbordelle einzurichten, um unerwünschten Triebstaus entgegenzuwirken. Nach dem Motto: „Im Kriege gibt es bekanntlich zwei numerierte Themen, deren Folge als Thema Nr. 1 und Nr. 2 nach der Verpflegungslage wechselt: Frau und Fraß" (Hirschfeld, Sittengeschichte des Weltkriegs).

In Frankreich wurden neben zahlreichen improvisierten Bordellen in großen und kleineren Etappen- und Garnisonsstädten mobile Feld-Freudenhäuser eingerichtet, streng getrennt nach Offizieren und Mannschaften. Offiziere folgten blauen, Soldaten roten Laternen. Der Andrang war so groß, daß sich manche Prostituierte schon nach drei Wochen mit beträchtlichen Ersparnissen aus der Hauptkampflinie zurückzogen.

Auf deutscher Seite gab es Mannschafts- und Offiziersbordelle in allen größeren Städten des Etappenraums, wie etwa Straßburg, Metz, Lille, Gent, Antwerpen oder Brüssel.

Dr. Ludwig L. Lenz, deutscher Militärarzt, in den zwanziger Jahren sexualwissenschaftlicher Buchautor („Sexualkatastrophen") und Herausgeber der Zeitschrift „Die Ehe", wurde beauftragt, in einem polnischen Städtchen ein Etappenbordell einzurichten. Befehl ist Befehl, und so ging Lenz an die ungewohnte Aufgabe: „Eines Tages erhielt ich den Befehl, mich nach L., einer kleinen Stadt in der Nähe von Warschau zu begeben, um dort das Militärische Gesundheitsamt zu übernehmen. ‚Dort sind Bordelle für Angehörige durchmarschierender Formationen einzurichten', so stand in diesem Schreiben. Ich traute meinen Augen nicht. Was sollte ich da tun? Bordelle

*Harren der italienischen Befreiung: Mägdelein aus dem österreichischen und ungarischen Küstenland, Welschtirol und Dalmatien, italienische Propagandapostkarte aus dem Ersten Weltkrieg*

einrichten? Das hatte ich auf der Universität nicht gelernt. Ich ging schnurstracks zum Generaloberarzt, aber der lachte nur und klopfte mir auf die Schultern: ‚Gehen Sie ruhig dorthin, lieber Kollege, es ist der einzige gute Posten, den wir im Augenblick frei haben. Vor allem haben Sie gezeigt, daß Sie Organisationstalent haben, und das ist dort die Hauptsache! ...

In L. angekommen, meldete ich mich beim Ortskommandanten und nahm in einem Hotel am Markt Quartier. Der erste Abend beruhigte mich übrigens in bezug auf meine Bedenken, woher ich die Mädchen nehmen sollte. Denn kaum war ich in meinem Zimmer, als auch schon der Portier anklopfte: ‚Eine junge Dame möchte Sie sprechen, Herr Oberarzt!' ...

An die Kasse setzte ich meinen Feldwebel. Der Eintritt kostete, wenn ich mich recht erinnere, für Offiziere drei Mark, für Soldaten eine Mark. Dafür bekam jeder ein Präservativ und einen Bon, den er dem Mädchen abzugeben hatte. Für jeden Bon erhielt das Mädchen von uns bei der Abrechnung 75 Pfennig, so daß es pro Tag ungefähr fünf bis zwölf Mark verdiente. Für Pension wurden täglich 2,50 Mark in Abzug gebracht ... Der Reinverdienst, der manchmal ganz beträchtlich war, wurde einzig und allein für die Wohlfahrt der Insassinnen ausgegeben ...

Als Durchschnitt hatte ich angenommen, daß ein Mädchen pro Tag zehn Besucher haben würde. Diese Zahl wurde in der Folge leider weit überschritten. Besonders an den Tagen, an denen fremde Truppen durch den

*Fronturlaub in Frankreich: Angriff und Verteidigung, aus „Fantasio", 1916*

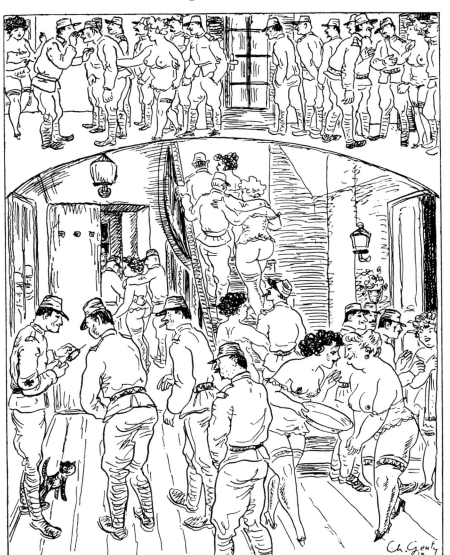

*Heilmittel gegen Geschlechts- und Harnröhrenerkrankungen, französisches Zeitungsinserat, aus dem Ersten Weltkrieg*

*Seiten 124 und 125: Balkangreuel, Wiener Privatdruck, 1926, Zeichnungen von Gottfried Sieben (Erstveröffentlichung)*

*Sexidylle in der Etappe, Zeichnung von Charles Genty, 1916*

Liebe in Feldgrau

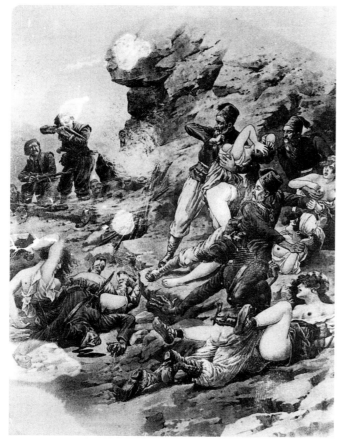

Liebe in Feldgrau

*Phallussymbol Frankreich vs. Deutschland: Darf ich Ihnen meine Granaten und Pickelhauben zeigen?, Karikatur aus „La Vie Parisienne", 1915*

Ort kamen, war die Besucherzahl erschreckend hoch. Wir waren dann genötigt, neue Mädchen einzustellen ..."

Feldbordelle waren natürlich auch das Thema der weitverbreiteten „Schützengrabenliteratur", einer Sondergattung derberotischen Soldatenhumors unter verschärften Bedingungen. So machte man sich etwa in einer fiktiven „Feldpuffordnung" über die österreichische Bürokratie lustig: „... Als Grundsatz hat zu gelten, daß ein Offiziersmädchen innerhalb 24 Stunden durchschnittlich sechs, eine Mannschaftshure zwölfmal zur Ausgabe behufs Füllung an die Bezugsberechtigten zu gelangen hat. Die zulässige Benützungsdauer wird für Mannschaftspersonen mit 15 Minuten, für Oberoffiziere mit 30 Minuten, für Stabsoffiziere mit 60 Minuten und für Generale mit 120 Minuten normiert. Bei Benützung ist das hechtgraue Feldpräservativ M.14/15, Marke ‚Neosalversan', unzerreißbar, zu benützen ...

Für das weibliche Personal wird eine hechtgraue Marschadjustierung im Schnitte der für die Pflegerinnen vom Roten Kreuz bestehenden Uniform normiert. Als Armbinde ist jedoch ein schwarzes Band (8 cm breit, mit 1,5 cm breiter Gummiborte) zu tragen. Als Unterwäsche wird bestimmt: Normalwäsche mit verlängerter Tragdauer, System Prof. Dr. Jäger; Katego-

*Phallussymbol Österreich vs. Frankreich: Darf ich Ihnen meine Granate zeigen?, Karikatur von Karl Staudinger für die „Muskete", 1914*

rie a) die feinste Qualität, schwarze halbseidene Strümpfe; Kategorie b) und c) mittlere Qualität, rote baumwollene Strümpfe (Strumpfbänder in gleicher Farbe).
Bei Ausübung der dienstlichen Funktion dürfen die Monturen ganz oder teilweise abgelegt werden; hiebei ist mit Schonung vorzugehen.
Als besonderes Abzeichen wird normiert: rote Lampasse auf den schwarzen Strümpfen für solche Angehörige der Kategorie a), welche vermöge ihrer Vorbildung imstande sind, selbst auf Generale ausflußgebenden Einfluß auszuüben."
Von der handfesten zur – zunächst – sublimierten Kriegserotik: Eine französische Erfindung war die sogenannte „Marraine" – die Kriegspatenschaft. Soldaten ohne familiären Anhang, sogenannte „Filleuls", wurden zunächst brieflich betreut, dann mit Freßpaketen und warmen Sachen bedacht, schließlich kam es während eines Fronturlaubs zum persönlichen Kennenlernen und nicht selten zu einem Verhältnis. Maurice Donnay bezeichnet die Marrainage, diese humane Einrichtung zwischen Mutterersatz und präsumtiver Geliebter, als „eine der Einrichtungen, in der man alle Nuancen des französischen Herzens und Esprits erkennt".

*Trostpflaster Krankenschwester (Baronesse Irmgard von Reden – links Mitte – im Kreis von Angehörigen einer k. u. k. Infanterieeinheit)*

Liebe in Feldgrau

*Rußland vs. Deutschland; 1:0, cunnischer Abwehrzauber russischer Soldatinnen im Ersten Weltkrieg*

*Wehrbereitschaft in Rußland: Die Musterung des schwachen Geschlechts*

# Frauen an die Front

Aber nicht nur im Hinterland bewährten sich Frauen und Mädchen im Sinne der Erhaltung der Wehrkraft respektive Wiederherstellung derselben. In allen kriegführenden Staaten entwickelte sich ein „Verwundetenkult", getragen von Damen des gehobenen Bürgertums und der Aristokratie. Für viele der vornehmen Schwestern war die Krankenpflege ein „libidinöses Spiel" (Hirschfeld) – leicht verletzte Offiziere wurden bevorzugt. Für die große Masse der Soldaten bildete die „Schwester" freilich einen lichten Punkt inmitten der Grauen des Krieges.

Über ihre persönliche Motivation und damit über den inneren Zusammenhang zwischen Erotik und Krankenpflege berichtet im Ersten Weltkrieg eine deutsche Schwester: „... Es gibt kein anderes Glück, als den Blick der Dankbarkeit in den Augen eines von mir gepflegten Mannes zu sehen. Dieses Glück ist wie ein Rausch. Es ist der einzige Orgasmus, den ich im Leben fühlen konnte. Nach Liebe habe ich nie verlangt. Ich begehrte immer nur anerkennende Dankbarkeit ... Ich habe zahlreiche Verhältnisse gehabt. Ich habe mich immer aus Mitleid hingegeben und immer mit dem Gefühl, den Mann glücklich machen zu können.

Ich gestehe, daß ich auf mein Talent als Schwester eitel bin. Ich will von den Kranken geliebt und bewundert werden. Ich will durch den Krankensaal gehen – wie eine milde, gütige, liebesspendende, beglückende Fee."

Weniger beglückende Feen – zumindest für den Kriegsgegner – waren die weiblichen Soldaten des Ersten Weltkriegs. Heute sind Damen im grauen Rock in fast allen Armeen eine Selbstverständlichkeit, damals ehe die Ausnahme, wobei Rußland eine Vorreiterrolle spielte. Mitte 1915 erschien in der Londoner „Graphic" ein Bericht über Kosakinnen und einige weibliche Kommandanten: „In Rußland stehen vierhundert Frauen unter Waffen; die meisten davon sind in sibirische Regimenter eingereiht. Fünfzig wurden bis jetzt getötet oder verwundet ... Das sechste Uralkosakenregiment besitzt einen weiblichen Oberst namens Kokowtsowa. Die Obristin Kokowtsowa wurde zweimal verwundet und erhielt das St.-Georgs-Kreuz mit der gleichzeitigen Zusicherung einer militärischen Pension ... Auch die Donkosaken haben einen weiblichen Offizier in der Person der Alexandra Jefimowna-Lagarjowa. Auf eine besondere Kriegstätigkeit vermag Olga Jehlweiser zurückzublicken. Sie diente im Mandschurischen Krieg und machte zahlreiche große Schlachten in der Mandschurei mit. Diesmal beteiligte sie sich an den Kämpfen um Grodno. Eine andere russische Kämpferin wird wegen ihrer blonden Locken ‚die gelbe Martha' genannt. Sie nahm an drei Schlachten teil."

Größten Widerhall erweckte die Bildung eigener Frauenbataillone nach der ersten Russischen Revolution. Die Initiative dazu soll Kerenskij selbst gegeben haben. Schon im Juli 1917 wird aus Stockholm die Ankunft des ersten solchen Bataillons an der Nordfront gemeldet: „Das erste russische Frauenbataillon ist unter Führung von Marie Baktscharow, die zum Leutnant befördert worden ist, an der Nordfront eingetroffen. Es zählt 250 Frauen, die teils schon an früheren Kämpfen teilgenommen, teils dem Sanitätskorps als Pflegerinnen angehört haben. Auch 18jährige Studentinnen gehören dem Bataillon an."

*Spionin Mata Hari:
Tanz auf dem Vulkan*

Ein österreichischer Offizier liefert dazu den Augenzeugenbericht: „.... insbesondere bei Sturmangriffen erwiesen sie sich als tapfere, nicht selten als blutdürstige Soldaten. Natürlich waren wir weit davon entfernt, diesen Penthesileas gegenüber ritterliche Regungen zu verspüren. Doch waren uns diese Kämpfe von Mann zu Weib im tiefsten Herzen verhaßt, weil sie unserem ästhetischen Gefühl, dem der Krieg ohnehin hart zugesetzt hatte, widerstrebten und so wichen wir dem Gefecht nach Kräften aus und machten die Damen, wo es nur anging, zu Gefangenen. Bemerkenswerterweise trugen diese Kämpferinnen nicht Hosen, sondern blaue Kittel. Es waren die ersten kniefreien Röcke, die wir zu sehen bekamen ..."

Auch der Spion bzw. die Spionin ist ein Soldat, ein Soldat im Dunklen, ein Soldat, der entweder sehr gut oder gar nicht getroffen wird, Krüppel gibt es dabei nicht. Und – wie der Fall des k. u. k. Obersten Alfred Redl belegt – es gibt einen engen Zusammenhang zwischen Spionage und Erotik.

Ein „Fachmann" beschreibt das Anforderungsprofil einer Spionin im Weltkrieg: „Es ist schwierig, eine Frau zu finden, die nebst allen anderen Eigenschaften wie Schönheit, Weltgewandtheit, Eleganz und Intelligenz auch über jene Seelenlosigkeit verfügt, die allein einen dauernden Erfolg verbürgen kann. Man müßte in den Spioninnen, bevor man sie für dieses Metier ausbildet, zuerst jegliches Liebesgefühl ertöten. Denn wenn eine Frau wahrhaft liebt, vergißt sie auf alles, verrät sie alles."

Praktisches Beispiel aus dem Vorstadium des Ersten Weltkriegs: Frankreich und Italien hatten schon vor dem Krieg ein Sonderabkommen geschlossen, das Italiens Verrat am Dreibund mit Österreich-Ungarn und Deutschland und damit die militärische Entlastung Frankreichs besiegelte. Ein französischer Minister traf sich – zwecks Übergabe der Dokumente – mit dem italienischen Marchese J. in Aix-les-Bains zur Konferenz. England war darüber offiziell nicht informiert, wußte aber davon, daher wollte das Intelligence Service in den Besitz der Dokumente kommen. Bei diesem Plan kam den Engländern die Tatsache sehr gelegen, daß Marchese J. als großer Don Juan von notorischer Extravaganz galt (Perversitäten der auszuspionierenden Personen sind in Downing Street penibel dokumentiert, und man verfügt auch über entsprechendes Personal, um sich derartige Eigenheiten zunutze machen zu können).

Liebe in Feldgrau

*Sex und Krieg: Der kleine Kadett vor dem Abmarsch, Zeichnung von Gustave Léonnec, aus „La Vie Parisienne", um 1916*

Bald war eine passende Frau gefunden (Deckname Gloria), sie traf mit zwei britischen Agenten in dem mondänen französischen Badeort ein und lief „zufällig" dem lüsternen Marchese über den Weg. Der Marchese war Zoosadist (durch Tierquälerei sexuell erregbar) und geriet schon beim Taubenschießen, wenn eine Taube, schlecht getroffen, sich verwundet am Boden wälzte, zum Orgasmus.

Noch am selben Abend dinierte er mit „Gloria", machte ihr Avancen, und sie lud ihn für den nächsten Tag in ihr Zimmer ein, das praktischerweise neben dem der britischen Agenten lag und mit einer Tapetentür verbunden war. Des Marchese Wunsch an den weiblichen Lockvogel: Sie sollte in weißem Kleid, stark dekolltiert, mit nackten Armen einen weißen Hahn mit einem von ihm mitgebrachten Dolch langsam abschlachten. 3000 Lire waren die Gage, damals noch ein Haufen Geld. Die Protokolle hatte der italienische Regierungsvertreter unvorsichtigerweise in der Brusttasche.

Daß diese Orgie als Rahmen zum Raub der Dokumente dienen mußte, war selbstverständlich, und als der Italiener sich mit Hahn und Dolch im Zimmer der stark entblößten Blondine einfand, waren auch schon die Agenten auf dem Posten. Der Hahn wehrte sich kräftig seines Lebens und zerkratzte mit den scharfen Krallen „Glorias" Arme, was im Programm nicht vorgesehen war. Sie schrie, der Marchese – nicht mehr ganz jung – ejakulierte und fiel schließlich ohnmächtig zu Boden, was die Situation für die Engländer doch noch rettete, das Dossier mit den Dokumenten konnte so aus der Westentasche geschnitten werden.

Sie gilt als die Begründin des Striptease, das „Auge des Morgens" – Mata Hari, recte Margarete Zelle, Holländerin mit ostasiatischem Blut, die die Renaissance des fernöstlichen Tempeltanzes einleitete und als berühmteste Spionin in die Weltgeschichte einging. 1876 geboren, war sie zunächst mit einem Kolonialoffizier verheiratet, der ihr angeblich aus Eifersucht eine Brustwarze abbiß. Sie verließ ihn, zog nach Paris und diente sich über die Straße in ein „Maison de rendezvous" hoch, erklomm mit asiatischen Nackttänzen eine weitere Sprosse der Karriereleiter, legte sich zahlungskräftige Liebhaber zu, lernt zu diesem Zweck das Kamasutra und verkehrt im doppelten Sinn des Wortes mit dem deutschen Kronprinzen, dem holländischen Ministerpräsidenten oder französischen Senatoren und Ministern. Am Vorabend des Ersten Weltkrieges hatte sie mit dem Berliner Polizeipräsidenten Traugott von Jagow ein intimes Beisammensein. Ideale Voraussetzungen also für eine Nachrichtentätigkeit. Unter der Ordnungsnummer H 21 wurde sie in den reichsdeutschen Nachrichtendienst eingegliedert. Ihre Leistungen waren in dieser Hinsicht eher dürftig, vielmehr blieb sie ihrer Passion des Liebhabersammelns treu. Unglückseligerweise beging sie den fatalen Fehler, ihr Wissen über deutsche U-Boote vor der spanischen und marokkanischen Küste an den feindlichen Nachrichtendienst zu verkaufen. So war es den Deutschen ganz recht, als sie später in Paris – um vor Ort in gewohnter Weise zu spionieren – von den französischen Militärbehörden festgenommen und hingerichtet wurde. So entledigte man sich in Berlin eines großen und unrationellen Spesenkontos.

# Eurotica

ie Klage, daß die Erotik seit dem Siegeszug des „Boulevards" und der Regenbogenpresse einem trivialen Plebiszit unterliege, ist seit hundert Jahren zu hören. Zeitschriften wie „Neue Pikanterien", „Satyr", „Sekt", „Galante Blätter", „Reigen", „Faun", „Flirt", „Die Liebe" oder „Brummer" versorgten den Massenkonsum der Jahrhundertwende mit Witzen, Zoten und feulletonistischen Unanständigkeiten. Sogenannte Skandalblätter wie „Der freie Mensch", „Der Pranger" oder „Der Galgen" beackerten die Felder der niederen Erotik, „Die Freundschaft" suchte ein homosexuelles Publikum anzusprechen und nannte sich im Untertitel „Wochenschrift für Aufklärung und geistige Hebung der Freundschaft".

Sehr beliebt waren auch jene „Schundhefte", nämlich dünne Lieferungshefte, die für 10 Pfennig „von Kolporteuren an lesewütige, sensationslüsterne

*Aufbruch in ein neues erotisches Zeitalter, Zeichnung von Richard Müller, 1917*

*Sexuallibertinistische Medien: Erotischer Nachschlag zum Ersten Weltkrieg*

*Die wilden zwanziger Jahre: Pariserin im luftigen Sommerkleid, aus „La Vie Parisienne", 1924*

Dienstmädchen und Köchinnen vertrieben wurden", so Paul Englisch in seiner „Geschichte der erotischen Literatur". In diesen wöchentlich erscheinenden Heften fand man alles, was man über Kindsunterschiebungen, lüsterne Morde, Totschlag, sexuelle Orgien und Verführungen wissen mußte. Die Lust nach Frivolitäten konnte schließlich in billigen Erotica weiter gestillt werden: Titel wie „Chaiselongue-Geschichten", „Fräulein Sünde", „Schamlose Seelen" oder „Aus dem Leben eines Hotelkellners" erzählten mehr oder minder holprig und mehr oder minder pornographisch Schnurren aus dem Geschlechtsleben der damaligen Zeitgenossen.

Heute schildern Popstars frei von der Leber weg ihrer lasterhaften Jugendsünden, bekennen Perversitäten ein, plaudern in den Erotiksendern des Privatfernsehens über sexuelle Praktiken und füttern das voyeuristische

*Zukunft:*
*Der Ruf der Maschine, um 1930*

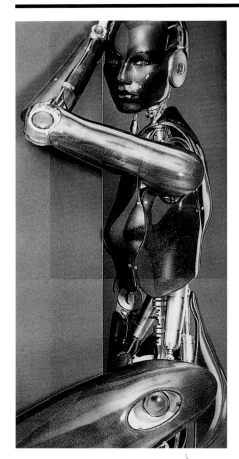

*Technosex 2000: Detail eines Plakats des Mineralölunternehmens BP*

*Vom Maschinen- zum Leibsklaven, Beilage zur „Sittengeschichte des Proletariats", um 1926*

Publikum mit mediengerechten Intimitäten. In populären Talkshows finden – als zugkräftiger Unterhaltungsgag und im Zugzwang der Quotenschaltung – ganz spielerisch Partnervermittlungen statt, Paare streiten vor Millionen offen über ihre Sexualprobleme, Schmuddelsender betreiben erotisches Reality-TV unter dem Motto: Sie vögeln, wir zahlen!

Die elektronische Gartenlaube ist inzwischen zur erotischen Spartenlaube mutiert.

Eurotica – das sind die neuesten Nachrichten aus dem nun geographisch und televisionär zusammengewachsenen Reich der Sinne.

Hatten die europäischen Länder um 1900 noch verschiedene „erotische Dialekte" gesprochen und jede Region ihre „Spezialitäten", so internationalisiert sich nun auch das erotische Umfeld, und den Globalisierungen unter der Gürtellinie steht nichts mehr im Wege.

Die schon von Huysmans angesprochene „Erotik der Maschinen" ist heute voll im Gange.

„Heutige Kinder sind wie von selbst, durch Einflüsterung neuer Dämonen, mit allem Maschinellen vertraut. Ihrem Ohr ist jedes Geräusch in seiner

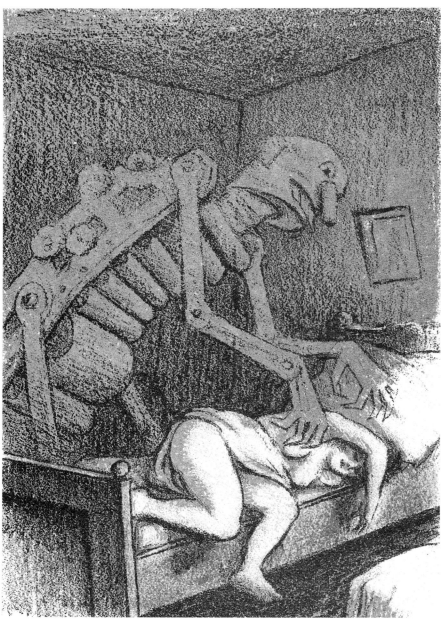

Bedeutung kenntlich, jedes Rad, jedes Gestänge ihrer wunderbaren Intuition in seinem Zweck verständlich. Das Kind versteht die Sprache der Maschine, die der älteren Generation so fremd und feindlich klingt. Für die heranwachsende Generation ist alles Leben mit der Maschine verquickt, alles Interesse von ihr abhängig."

Diese bald hundert Jahre alte Feststellung des Kulturforschers Alexander von Gleichen-Russwurm ist eben nicht auf die Computer-Kids unserer Tage gemünzt, sondern bezieht sich auf das 19. Jahrhundert!

Hätte er sich gewundert, wenn er die Verwandlung Amors in eine Maschine oder in einen Chip miterlebt hätte?

Noch ist Cybersex Sache der technischen und künstlerischen Avantgarde, und die stöhnenden Selbstversuche in einem coitus artificialis mit Geräten der Virtual reality füllen bestenfalls Fachbücher oder sensationslüsterne Klatschspalten.

Der körperlose Geschlechtsverkehr träumt von multiplen Geschlechtsorganen und von einem posthumanen Koitus mit den Fetischen der Konsumkultur.

Die Robocopulation der Zukunft wird für den Cybernauten mit einem sensorverkleideten Dildo beginnen und mit einem Biochip für rückgekoppelte Vaginas enden.

Und wenn jemandem, der eine leidenschaftliche Beziehung zu seinem Computer aufgebaut hat, das Gerät abstürzt: Ist er dann Computer-Witwe(r)?

Sex sei ein Virus, das alle neuen Technologien infiziert, so prophezeien Computerfachleute. Aber hat Sex nicht schon vor hundert Jahren ganz Europa infiziert und die Erotik medial durch alle Bild-Maschinen und Text-Maschinen der damaligen Zeit gejagt?

Die Allianz von „Tod und Erotik", wie wir sie aus der Jahrhundertwende von 1900 zur Genüge kennen, wird nun immer häufiger durch das Wörtchen „Technik" ergänzt werden. Schon hat Sigmund Freud Konkurrenz bekommen, denn die Cybercouch, der virtuelle Sexualanalytiker und eigene Computerpsychotherapieprogramme sind bereits im Einsatz.

Future-Sex in Europa: Die Mechanoerotik mit ihren Roboter-Playmates und bionischen Schmuse-Androiden sind für den Science-fiction-Liebhaber vielleicht schon am Horizont sichtbar, dort, wo wahrscheinlich die Götterdämmerung der ehemaligen Lustkörper ihren Anfang nimmt.

Es kann aber auch sein, daß unsere Jahrhundertwende von 2000 lediglich eine neue „Hysterie" entwickelte, um die alten erotischen Phantasien und Visionen weiterzutragen.

Wie sagt doch Oscar Wilde: „Das Unerwartete zu erwarten verrät einen durchaus modernen Geist."

*Grabstein auf der Insel Ischia/Italien, 1919: Erotik bis über den Tod hinaus*

# Literatur

Achenbach, Michael, Caneppele, Paolo, Kieninger, Erna: Projektionen der Sehnsucht. Saturn. Die erotischen Anfänge der österreichischen Kinematografie, Wien 1999.
Ahlers-Hestermann, Friedrich: Stilwende. Aufbruch der Jugend um 1900, Frankfurt – Berlin 1981.
Andics, Hellmut: Gründerzeit, Wien – München 1981.
Apollinaire, Guillaume: Die elftausend Ruten, München 1998.

Barbey d'Aurevilly, Jules Amedée: Die Teuflischen, München 1961.
Beardsley, Aubrey: Zeichnungen. Einführung Hans H. Hofstätter, Köln 1977.
Bassermann, Lujo: Das älteste Gewerbe, Wien-Düsseldorf 1965.
Bilderlexikon der Erotik, Bände I–IV (Kulturgeschichte, Literatur und Kunst, Sexualwissenschaft, Ergänzungsband), Leipzig 1928–1931.
Bolen, Carl von: Geschichte der Erotik, München 1968.
Boudard, Alphonse/Romi: Das goldene Zeitalter des Bordells, München 1992.

Celebenovic, Aleksa: Bürgerlicher Realismus, Frankfurt – Berlin – Wien 1974.

Die Kallipygen, Privatdruck 1906.
Die Schönheit (Fidus-Heft), Dresden 1919.
Dekkers, Midas: Geliebtes Tier. Die Geschichte einer innigen Beziehung, Reinbek bei Hamburg, 1996.
Dery, Mark: Cyber. Die Kultur der Zukunft, Berlin 1997.
Döbler, Hannsferdinand: Eros – Sexus – Sitte, Berlin – München – Wien 1973.
Durgnat, Raymond: Sexus – Eros – Kino, München 1967.

Ehrmann, Johannes Christian: Die Freudenmädchen von Frankfurt am Main, München 1984.
Englisch, Paul: Geschichte der erotischen Literatur, Stuttgart 1927.

Fischer, Manfred S. (Hrsg.): Die leichten Damen der Weltliteratur. Ein Lesebuch, Frankfurt am Main – Berlin 1990.
Fischer, Volker: Nostalgie, Luzern– Frankfurt 1980.
Fischer, Jens Malte: Fin de siècle, München 1978.
Foral, Susanna: Venuskult. Eine Kulturgeschichte der Orgie, München 1999.
Frank, Hans: Die Geschichte der Photographie (Sammlungs-Katalog), Salzburg – Wien 1967.
Franken, Konstanze von: Der gute Ton, Berlin 1900.
Fuchs, Eduard: Geschichte der erotischen Kunst. Das individuelle Problem I, München 1928 (Neudruck Berlin 1977).
Fuchs, Eduard: Geschichte der erotischen Kunst. Das individuelle Problem II, München 1928 (Nachdruck Berlin 1977).
Fuchs, Eduard: Illustrierte Sittengeschichte vom Mittelalter bis zur Gegenwart. Das bürgerliche Zeitalter, Berlin 1912 (Nachdruck Berlin 1977).
Funke, Peter: Oscar Wilde, Reinbek bei Hamburg 1969.

Gautier, Théophile: Mademoiselle de Maupin, München 1987.
Gay, Peter: Erziehung der Sinne. Sexualität im bürgerlichen Zeitalter, München 1986.
Gay, Peter: Die zarte Leidenschaft. Liebe im bürgerlichen Zeitalter, München 1987.
Glaser, Hermann: Industriekultur und Alltagsleben, Frankfurt am Main 1994

Goldenes Alphabet für christliche Eheleute, Linz-Urfahr 1903.
Gleichen-Russwurm, Alexander von: Das Kulturbild des neunzehnten Jahrhunderts, Wien – Hamburg – Zürich, o. J.
Graeff, Max Christian (Hrsg): Der verbotene Eros, München 2000.
Guillebaud, Jean Claude: Die Tyrannei der Lust, München 1999.

Halbe, Max: Jahrhundertwende, München – Wien 1976.
Hamann, Richard, Jost Hermand: Epochen deutscher Kultur von 1870 bis zur Gegenwart (Gründerzeit, Naturalismus, Impressionismus, Stilkunst um 1900), Frankfurt am Main 1977.
Harris, Frank: My Life, Berlin 1930.
Hirschfeld, Magnus/Gaspar Andreas (Hrsg.): Sittengeschichte des Ersten Weltkriegs, Hanau o. J. (1. Auflage 1929).
Huysmans, Joris-Karl: Gegen den Strich, Frankfurt – Berlin – Wien 1972.
Huysmans, Joris-Karl: Tief unten, Frankfurt – Berlin – Wien 1972.
Hyde, Montgomery: Geschichte der Pornographie, Stuttgart 1968.

Kinder, Hermann (Hrsg): Die klassische Sau. Handbuch der literarischen Hocherotik, Zürich 1986.
Kleßmann, Eckart: Der Lichtgläubige (Fidus), in: Zeitmagazin Nr. 21, Hamburg, 26. Mai 1972.
Klüter, Heinz (Hrsg.): Die Gartenlaube, Bern – Stuttgart – Wien 1963.
Knoll, Ludwig/Jaeckel Gerhard: Lexikon der Erotik, Gütersloh o. J.
Koreska-Hartmann, Linda: Jugendstil – Stil der „Jugend", München 1969.
Krauss, Friedrich Salomo: Das Geschlechtsleben des deutschen Volkes, München 1977.
Krauss, Friedrich Salomo: Die Anmut des Frauenleibes, Leipzig 1904.

Lanoux, Armand: Amour 1900, Hamburg 1964.
Liebe und Verbrechen. Die Wiederkehr des Marquis de Sade, in: Der Spiegel, Hamburg 4. Juni 1990.
Lilien, Ephraim Moses: Jugendstil – Erotik – Zionismus, (Katalog), Wien 1998.
Lo Duca, Giuseppe: Die Geschichte der Erotik, Wiesbaden 1977.
Longstreet, Stephen (Hrsg.): Madame. Meine Mädchen, meine Häuser, Frankfurt am Main – Berlin – Wien 1982.

Monte Verità (Ausstellungskatalog), Wien 1979.
Meißner, Franz Hermann (Hrsg.): Das Werk von Richard Müller, Loschwitz – Dresden 1921.

Neret, Gilles (Hrsg.): Erotica universalis Köln 1994.

Ogger, Günter: Die Gründerjahre, München 1982.

Péladan, Josephin: Einweihung des Weibes, München 1923.
Pieske, Christa: Bilder für jedermann, Berlin 1988.
Praz, Mario: Liebe, Tod und Teufel. Die schwarze Romantik, München 1970
Przybyszewski, Stanislaw: Das gemeinsame Ziel und Anderes, Privatdruck 1907.

Rasch, Wolfdietrich: Die literarische Décadence um 1900, München 1986.
Reden, Alexander Sixtus von, Schweikhardt Josef: Eros unterm Doppeladler, Wien 1993.
Richter, Gert (Hrsg.): Belehrendes und erbauliches Lexicon der Sittsamkeit von A bis Z, Gütersloh – Berlin – München – Wien 1974.
Richter, Joseph: Die Freudenmädchen von Wien, München 1982 (Nachdruck von: Taschenbuch für Grabennymphen auf das Jahr 1787).
Riess, Curt: Erotica! Erotica!, Hamburg 1967.
Riess, Curt: Erotisches Lesebuch, Hamburg 1969.
Rochester, Earl of: Sodom, Leipzig 1909.
Rops, Felicien: The Graphic Works, New York 1975.

Sanitätsgefreiter Neumann und andere ergötzlich unanständige Verse, München 1972.
Schalk, Peter (Hrsg.): Frau Wirtin hat auch einen ..., München 1972.
Scheid, Uwe: Das erotische Imago, Dortmund 1984.
Scheid, Uwe: Erotische Photographie 1850–1920, Wien 2000.
Scheugl, Hans: Sexualität und Neurose im Film, München 1974.
Schickedanz, Hans J. (Hrsg.): Der Dandy, Dortmund 1980.
Schidrowitz, Leo (Hrsg.): Sittengeschichte des Intimen/des Proletariats/des Theaters/von Paris (4 Bände), Wien – Leipzig 1926–1929.
Schutt-Kehm, Elke: Das Exlibris, Dortmund 1990.
Schutt-Kehm, Elke: Hexe – Hausfrau – Heilige. Frauenbilder in Exlibris für Frauen, Mainz 1998.
Schutte, Jürgen/Peter Sprengel (Hrsg.): Die Berliner Moderne 1885–1914, Stuttgart 1987.
Schwind, Anton: Der Mensch war niemals tugendhaft, Herrenalb 1964.
Scott, Franz (Hrsg.): Halbwelt von heute, Leipzig 1930.
Seeßlen, Georg: Lexikon der erotischen Literatur, München 1984.
Sexuelle Weltrekorde, Flensburg 1994.
Sigusch, Volkmar: Die Trümmer der sexuellen Revolution, in: Die Zeit Nr. 41, Hamburg, 4. Okt. 1996.
Soergel, Albert: Dichtung und Dichter der Zeit, Leipzig 1911.
Stein, Gerd (Hrsg.): Femme fatale – Vamp – Blaustrumpf, Frankfurt am Main 1985.
Stein, Gerd (Hrsg.): Dandy – Snob – Flaneur, Frankfurt am Main 1985.
Stern, Ernst: Café Größenwahn, Dortmund 1980.
Sternberger, Dolf: Panorama oder Ansichten vom 19. Jahrhundert, Düsseldorf – Hamburg 1938.

Waldegg, Richard: Paris, Sittengeschichte einer Weltstadt, München 1966.
Waldegg, Richard: Sittengeschichte von Wien, München 1967.
Walter (Pseudonym): Mein geheimes Leben, Bern – München 1968.
Walter, Hans: Pans Wiederkehr, München 1980.
Welck, Gertrude von: Aus meinem Leben, Manuskript, Genua 1927.
Welck, Gertrude von: Haremsketten, Manuskript, Genua 1927.
Welzl, Joachim: Das Weib als Sklavin, Wien – Leipzig 1929.
Wilde, Oscar: Sämtliche Werke, Essen o. J.
Wittkop, Justus Franz: Europa im Gaslicht. Die hohe Zeit des Bürgertums 1848 bis 1914, Zürich 1979.
Wuthenow Ralph-Rainer: Muse, Maske, Meduse. Europäischer Ästhetizismus, Frankfurt am Main 1978.
Zweig, Stefan: Die Welt von Gestern, Wien 1952.
Zwerenz, Carl Georg: Anarchistinnen der Liebe, Budapest o. J. (um 1905).

# Personenregister

Adorjan, André; französischer Journalist 60
Alexander der Große, König von Mazedonien 103
Altenberg, Peter (Richard Engländer); österreichischer Schriftsteller 101
Appolinaire, Guillaume; französischer Dichter 75 ff.
Apuleius; antiker Dichter 10
Aragon, Louis; französischer Autor und Surrealist 76
d'Argens, Jean Baptiste de Boyer, Marquis; französischer Autor und Erotomane 95
Aristoteles; griechischer Philosoph 104
Aspasia; griechische Hetäre 36
Auguste, Jules-Robert; französischer Maler 83
Avril, Jane; französische Tänzerin und Sängerin 62

Bach, Lola; deutsche Tänzerin 62
Baktscharow, Marie; russischer Leutnant 129
Barbey d'Aurévilly, Jules-Amédée; französischer Dichter 96
Bassermann, Lujo (Pseudonym); deutsch-österreichischer Autor 54, 105
Batsy, Felix; österreichischer Erotika-Sammler 108
Bataille, Charles; französischer Autor 57
Baudelaire, Charles; französischer Dichter 55, 82, 83
Bauville, Thédore de; französischer Autor 57
Bayard, Emile; französischer Photograph 9
Bayros, Franz Marquis von; österreichischer Graphiker 93, 99
Beardsley, Aubrey; englischer Graphiker 93, 96
Beau Brummel; englischer Dandy 24
Belle; amerikanische Prostituierte 49
Benn, Gottfried; deutscher Dichter 102
Berkley, Theresa; englische Bordellbesitzerin 105
Berlioz, Hector; französischer Komponist 92
Bernard, Sarah; französische Schauspielerin 60
Blei, Franz; deutscher Schriftsteller 63
Bloch, Iwan (Eugen Dühren); deutscher Sexualpathologe 43
Böcklin, Arnold; deutscher Maler 15, 91 f.
Borel, Pétrus; französischer Autor 72
Boudard, Alphonse; französischer Historiker 44 f., 54, 108
Brantôme, Pierre de Bourdeille, Sieur de; erotischer „Abbé" 95
Breton, André; französischer Surrealist 103
Brown, John; Reitknecht von Königin Victoria 17
Bruckner, Anton; österreichischer Komponist 92
Brüning, Max; deutscher Graphiker 28
Buber, Martin; deutsch-jüdischer Philosoph 18
Bürger, Gottfried August; deutscher Balladendichter 98
Butler, Josephine; englische Frauenrechtlerin 56
Buttenstedt, Karl; deutscher Arzt 28
Byron George Gordon Lord; englischer Dichter 72, 83

Casanova, Giacomo; italienischer Erotomane 71
Cassirer, Paul; deutscher Kunsthändler 102
Chaucer, Geoffrey; englischer Schriftsteller 67
Charlotte, Mme.; französische Bordellbesitzerin 54
Chopin, Frédéric; polnischer Komponist 80
Chwala, August; österreichischer Drucker 94
Chwala, Willibald; österreichischer Drucker 94
Cleland, John; englischer Autor 68
Clemens VIII.; Papst 37
Cocteau, Jean; französischer Dichter 24

Colette; französische Autorin 23
Collett, Mrs.; englische Bordellbesitzerin 105
Congreve, William; englischer Schriftsteller 67
Costantini, Constante; italienischer Graphiker U 4
Cornelys, Teresa; englische Bordellbesitzerin 86
Coubertin, Pierre de; Begründer der Olympischen Spiele 29
Couder, Ruben de; französischer Graphiker 41
Crébillon, Claude de; französischer Erotikautor 57

D'Annunzio, Gabriele; italienischer Dandy und Dichter 73, 75, 82, 83, 84, 94
Darwin, Charles; englischer Naturforscher 10
Daudet, Alphonse; französischer Dichter 57
Debussy, Claude; französischer Komponist 92
Deditius, Franz; deutscher Herausgeber 58
Desbonnet, Edmond; französischer Athlet und Pionier der Körperkultur 29 f.
Detouche, Henri; französischer Kunstkritiker 93
Dörmann, Felix; dekadenter Lyriker 83
Dolorita; spanische Tänzerin 65
Dolorosa; deutsche Maso-Lyrikerin 95, 113
Donnay, Maurice; französischer Schriftsteller 127
Douglas, Alfred Lord; Freund Oscar Wildes 83
„Dresdenska"; Bordellbesitzerin in St. Petersburg 47
Dryden, John; englischer Dichter 67
Duché, Jean; französischer Historiker 59
Durand, Marguerite; französische Frauenrechtlerin 21
Durgnat, Raymond; französischer Filmhistoriker 65
Duse, Eleonore; deutsche Schauspielerin 84

Eberhard, E. F. W.; deutscher Arzt 21
Edison, Thomas Alva; amerikanischer Erfinder 66
Eduard VII.; König von England 43, 46
Ehrlich, Paul; deutscher Chemiker 17
Ehrmann, Johannes Christian; deutscher Arzt und Autor 40, 53
Elisabeth I.; russische Zarin 47
Engels, Friedrich; deutscher Philosoph 21
Englisch, Paul; deutscher Literaturforscher 58, 63, 68, 77, 100, 133
Einstein, Albert; deutscher Physiker 71
Ewers, Hans-Heinz; deutscher Autor 83, 101
Eymery, Marguerite; als Autorin „Rachilde" 80

Fatima; amerikanische Bauchtänzerin 65
Ferdinand I.; Römisch-Deutscher Kaiser 37
Fidus (Hugo Hoeppener); deutscher Graphiker 17, 18
Fischer, Manfred S.; deutscher Autor 56
Flaubert, Gustave; französischer Schriftsteller 55, 83 f.,
Flegel, Emma/Siegmund; Bordellbesitzer in St. Louis, USA 48 f.
Fournier, Henri; französischer Graphiker 25
France, Anatole; französischer Dichter 93
Franken, Konstanze von; deutsche Autorin 26
Frenchy; amerikanische Prostituierte 48
Freud, Sigmund; österreichischer Psychoanalytiker 10, 78, 89, 93, 108, 135
Fröhlich, Max; deutscher Graphiker 102
Fuller, Loie; französische Tänzerin 65

Galdi, Vittorio; italienischer Photograph 78
Gauguin, Paul; französischer Maler 91
Gautier, Théophile; französischer Literat 77, 83
Gautier, Judith; Geliebte Richard Wagners 77

Gauthier-Villers, Henry; französischer Autor („Willy") 96
Gavarni, Paul; französischer Graphiker 96
Gedö, Lajos; ungarischer Graphiker 117
Geiger, Willi; österreichischer Graphiker 94
Genty, Charles; französischer Graphiker 123
Georg III.; König von England 42
Georg IV.; König von England 105
Gerbauld, Antoine; französischer Graphiker 60
Gerwig, Herbert: deutscher Erotologe 88
Gleichen-Russwurm, Alexander von; deutscher Kulturforscher 24, 135
„Gloria"; Spionin im Dienste der Engländer 129
Goethe, Johann Wolfgang von; deutscher Dichterfürst 12, 14, 40, 98
Gogh, Vincent van; niederländischer Maler 54
Goncourt, Edmond de/Jules Huot de; französisches Autorenpaar 72
Gourdan, Mme.; französische Bordellbesitzerin 43
Gravina, Maria; Geliebte D'Annunzios 84
Greiner, Daniel; deutscher Graphiker 10, 13, 16
Guillaume, Albert; französischer Künstler 65
Guys, Constantin; englischer Maler 54

Halbe, Max; deutscher Literat 102
Hammond, Charles; englischer Bordellbesitzer 43
Harris, Frank; anglo-irischer Zeitungsmagnat und Lebemann 71, 83
Hayes, Charlotte; englische Bordellbesitzerin 86
Hebbel, Friedrich; deutscher Dichter 83
Heine, Heinrich; deutscher Dichter 80, 83
Herodot; antiker Historiker 14
Hille, Peter; deutscher Bohémien und Dichter 95
Hirschfeld, Magnus; deutscher Sexualforscher 79, 118, 122, 128
Hirth, Georg; Herausgeber der „Jugend" 102
Hofmannsthal, Hugo von; österreichischer Dichter 83
Holz, Arno; deutscher Dichter 99 f.
Homer; griechischer Dichter 14, 99
Hugo, Victor; französischer Schriftsteller 96
Huysmans, Joris-Karl; französisch-holländischer Autor und Décadent 83, 96 ff., 134

Jagow, Traugott von; Polizeipräsident von Berlin 129
Jahn, Friedrich Ludwig; Turnvater der Deutschen 29
Jamet, Fabienne; französische Prostituierte 46 f.
Jamet, Marcel („Fraisette"); französischer Bordellbesitzer 45
Jefimowna-Lagarjowa, Alexandra; russische Don Kosaken-Offizierin 129
Jehlweiser, Olga; russische Offizierin 129
Johnson, Emma; amerikanische Bordellbesitzerin 53 f.
Josef II.; Römisch-Deutscher Kaiser 42
Jünger, Ernst; deutscher Schriftsteller 77

Karl V.; Römisch-Deutscher Kaiser 37
Katharina II.; russische Zarin 47, 85, 86
Kerenskij, Alexander F.; russischer Politiker 129
Keyserling, Eduard Graf von; deutscher Philosoph 101
Kimball, Nell; amerikanische Prostituierte und Bordellbesitzerin 47 ff.
Kirchner, Raphael; österreichischer Graphiker 26
Kleopatra; ägyptische Königin 45, 83
Klimt, Gustav; österreichischer Jugendstilkünstler 102
Klinger, Julius; österreichischer Graphiker 67
Klinger, Max; deutscher Grafiker 91
Knigge, Adolph Freiherr; deutscher Schriftsteller 26, 103
Kokowtsowa; russische Obristin, 129

Krafft-Ebing, Richard Freiherr von; deutscher Psychiater 26, 103
Kraus, Karl; österreichischer Satiriker 35, 56, 100, 102
Krauss, Friedrich Salomo; österreichischer Sexualfolklorist 21, 28
Kuna, Franz; österreichischer Maler 111

Lambert, André; französischer Graphiker 67
Lanoux, Armand; französischer Autor 7, 64
Lasker-Schüler, Else; deutsche Dichterin 95, 102
Laurentii, Franz; deutscher Sexualforscher 108
Lavallière, Mlle.; Bühnenkünstlerin und Klassefrau, später Nonne 47
Lavater, Johann Caspar; deutscher Physiognome 26
Legrand, Henri; französischer Graphiker 29
Leiris, Michel; französischer Autor und Surrealist 77
Lelon, René; französischer Grafiker 48
Lemercier de Neuville; französischer Schriftsteller 57
Lenz, Ludwig L.; deutscher Arzt 122 f.
Léonnec, Gustave; französischer Graphiker 130
Leoni, Barbara; Geliebte D'Annunzios 84
Leyden, Lucas van; niederländischer Maler 81
Lichnowsky, Mechthilde; fürstliche Schriftstellerin 102
Lichtenau, Wilhemine Gräfin von; deutsche Erotomanin 86
Lilien, Ephraim Moses; österreichischer Jugendstilkünstler 22, 29, 82, 83, 90, 94, 95, 98
Londres, Albert; deutscher Sexualforscher 51
Longstreet, Stephen; amerikanischer Autor 47
Loos, Adolf; österreichischer Architekt 14

Maele, Martin van; belgischer Graphiker 12, 20
Mahler, Gustav; österreichischer Komponist 92
Makart, Hans; österreichischer Maler 8, 14
Mann, Thomas; deutscher Schriftsteller 7
Margueritte, Victor; französischer Autor 23
Maria Theresia; Erzherzogin von Österreich, Königin von Ungarn, Gemahlin des Römisch-Deutschen Kaisers Franz I. 37, 42, 47
Marinetti, Filippo Tommaso; italienischer Futurist 98
Martha, die gelbe; russische Offizierin 129
Martine; französische Vizebordellchefin 107
Mata Hari (Margarete Zelle); niederländische Spionin und Nackttänzerin 129, 130
Materlinck, Maurice; belgischer Dichter 84
Matthias; Römisch-Deutscher Kaiser 37
Maupassant, Guy de; französischer Schriftsteller 73
Maximilian II.; Römisch-Deutscher Kaiser 37
Mendès, Catulle; französischer Schriftsteller 116
Meyrinck, Gustav; österreichischer Schriftsteller 101
Mill, John Stuart; englischer Philosoph 21
Miller, Henry; amerikanischer Autor 70, 77
Mirabeau, Auguste Comte de; französischer Erotikdichter 95
Mirbeau, Octave; französischer Schriftsteller 73
Monnier, Henri; französischer Theaterautor und Zeichner 96
Montgelas-Wimpffen; gräfliche Sittenkämpferin 18
Moreau, Gustave; französischer Maler 81
Moreau-Vauthier; französischer Bildhauer 64
Moser, Kolo; österreichischer Jugendstilkünstler 94
Mozkowski, Alexander; französischer Schriftsteller 58
Mühsam, Erich; deutscher Dichter und Anarchist 95, 102
Müller, Richard; deutscher Maler und Graphiker 76, 77, 131
Münchhausen, Börries von; deutscher Dichter 94
Musset, Alfred de; französischer Dichter 79, 80

Muybridge, Edward; englischer Photopionier 65

Napoleon Bonaparte; Kaiser der Franzosen 121
Nielsen, Asta; schwedische Filmschauspielerin 23
Nietzsche, Friedrich; deutscher Philosoph 80, 90
Noailles, Comtesse de; französische Literatin 23

Parent-Duchatelet; französischer Sexualwissenschaftler 43
Péladan, Joséphin; französischer Dichter 74, 80 f., 93, 96
Pepys, Samuel; englischer Autor 68
Perikles; griechischer Staatsmann 36
Peter, Prinz von Montenegro 121
Pfeiffer, Ida; österreichische Reiseschriftstellerin 111
Philipps, Wilhelm; deutscher Pastor 17
Picasso, Pablo; spanischer Maler 15
Pickford, Mary; amerikanische Filmschauspielerin 23
Pistor-Bogdanow, Fanny Freifrau von; Geliebte von Leopold von Sacher-Masoch 103
Plato; griechischer Philosoph 36
Poe, Edgar Allen; amerikanischer Schriftsteller 72, 83
Poggiale, M.J.; französischer Verleger 53
Poitevin; französischer Graphiker 96
Prévost, Marcel; französischer Schriftsteller 58
Prudhomme, Joseph; französischer Autor 57
Przybyszewski, Stanislaw; polnischer Autor der Décadance 94
Pückler-Muskau, Hermann Fürst von; Lebemann und Gartenkünstler 24
Pufferow, Fedor (Pseudonym); russischer Gesellschaftsschriftsteller 87

Rabenalt, Arthur Maria; deutscher Erotologe 85
Reden, Irmgard Freiin von; Krankenschwester im Ersten Weltkrieg 127
Redl, Alfred; k. u. k. Oberst 129
Rétif de la Bretonne; französischer Skandalautor 57, 95
Reventlow, Franziska Gräfin zu; deutsche Literatin 102
Réjane; französische Schauspielerin 60
Reynaud, Emile; französischer Trickfilmer 65
Rheydt, Celly de; französische Nackttänzerin 62
Richier, Léon; französischer Jurist 21
Richter, Joseph; österreichischer Schriftsteller 52
Riedel, Mme.; Bordellbesitzerin St. Petersburg 47
Riehl, Wilhelm Heinrich; deutscher Jurist 21
Riess, Curt; deutscher Autor 71
Rilke, Rainer Maria; österreichischer Dichter 99
Roda-Roda, Alexander (Sándor Friedrich Rosenfeld); österreichischer Schriftsteller 101
Rops, Félicien; belgischer Graphiker 40, 58, 89, 93
Rousseau, Jean-Jacques; französischer Philosoph 57
Rowlandson, Thomas; englischer Graphiker 73
Rubens, Peter Paul; niederländischer Maler 15
Rudini, Alessandra di; Geliebte D'Annunzios 84

Sacher-Masoch, Leopold Ritter von; österreichischer Schriftsteller 83, 103
Sacher-Masoch, Wanda von (Aurora Angelika Rümelin); Ehefrau von Leopold von Sacher-Masoch 103
Sade, Donatien Alphonse Marquis de; französischer Schriftsteller 73, 95, 103
Salten, Felix (Siegmund Salzmann); österreichischer Schriftsteller 55
Sand, George; französische Schriftstellerin 80, 83
Sellon, Edward; englischer Kulturhistoriker 68
Selwyn, George Augustus; englischer Flagellant 73
Schaukal, Richard von; österreichischer Schriftsteller 83

Schidrowitz, Leo; österreichischer Sittenforscher 23, 59
Schiller, Friedrich von; deutscher Dichter 57
Schlegel, Friedrich; deutscher Dichter 99
Schoff, Otto; deutscher Graphiker 79
Schongauer, Martin; deutscher Maler des Mittelalters 81
Schrank, Josef; österreichischer Sexualforscher 42
Schrenck-Notzing, Albert Freiherr von; deutscher Arzt und Parapsychologe 103
Schwarzer, Alice; deutsche Feministin 103
Semjoff, Nikolaj Petrowitsch; russischer Illustrator 117
Shadwell, Thomas; englischer Theaterautor 72
Shaw, George Bernard; irischer Schriftsteller 71
Sieben, Gottfried; österreichischer Graphiker 36, 85, 90, 91, 109, 122, 123
Sinclair, Upton; amerikanischer Schriftsteller 71
Sokrates; griechischer Philosoph 36
Solon; griechischer Staatsmann 36
Staudinger, Karl; österreichischer Graphiker 126
Stockmann, Helmuth; deutscher Graphiker 105
Stuck, Franz von; deutscher Maler 7, 93
Swinburne, Charles Algernon; englischer Dichter 73, 83, 84

Thoma, Hans; deutscher Maler 92
Thöny, Eduard; österreichischer Maler und Graphiker 46
Touchet, Jean; französischer Graphiker 23, 60
Toulouse-Lautrec, Henri de; französischer Maler 9, 45, 54, 61 f., 83

Uhse, Beate; deutsche Sexualindustrielle 10
Uzanne, Octave; französischer Autor 24

Valloton, Felix; französischer Graphiker 19, 98
Verlaine, Paul; französischer Dichter 54, 83
Vernes, Jules; französischer Schriftsteller 64, 66
Victoria; Königin von England 17, 43
Villiers de l'Isle Adam; französischer Dichter 66, 73, 81
Virchow, Rudolf; deutscher Arzt 26
Voß, Johann Heinrich; deutscher Dichter 99

Wagner, Richard; deutscher Komponist 62, 77, 92
Walden, Herwig; deutscher Literat 102
Walter; viktorianischer Erotomane 68 ff.
Ward, Edward; englischer Gesellschaftsforscher 85
Weber, Luise; als Star „La Goulue" 61
Wedekind, Frank; deutscher Autor und Schauspieler 17, 63, 83, 101 f.
Welck, Gertrud Freiin von (Ruth von der Weide); deutsche Sado-Maso-Autorin 108 ff.
Welzl, Joachim; österreichischer Sexualforscher 104
Werfel, Franz; österreichischer Schriftsteller 56
West, Mae; amerikanische Filmschauspielerin 23
Wettstein-Adelt, Minna; deutsche Sittenkämpferin 19
Wilde, Oscar; englischer Schriftsteller 7, 71, 73, 83, 100, 135
Wilke, Karl Alexander; österreichischer Graphiker 112
Wilmot, John; Earl of Rochester und Skandalautor 67, 84 f.
Wilson, Mary; englische Bordellbesitzerin 43
Wolzogen, Ernst von; deutscher Romancier und Theaterautor 79
Wycherley, William; englischer Schriftsteller 67

Zasche, Theodor; österreichischer Graphiker 121
Zola, Emile; französischer Schriftsteller 58, 93, 97
Zweig, Stefan; österreichischer Schriftsteller 55 f., 95, 121